DR. MED. ANNE FL

SCHLANK!

und gesund mit der Doc Fleck Methode –
Das Kochbuch

GOLDMANN
Lesen erleben

Buch

Die größte weltweite Ernährungsstudie (PURE Study) mit
135 000 Menschen aus 18 Ländern hat gezeigt, dass Fett nicht fett
macht, aber dass übermäßig verzehrte Kohlenhydrate verantwortlich für
unzählige gesundheitliche Komplikationen sind. Als Folge entwickeln
sich bei vielen Menschen äußere oder innere Fettdepots mit hoher
hormoneller Aktivität, die chronische Entzündungsprozesse im
Körper in Gang setzen. Die gute Nachricht: Mit der konsequenten
Ernährungsumstellung über mehrere Wochen nach Dr. Anne Flecks
ganzheitlichen Empfehlungen lässt sich der Organismus wieder
nachhaltig auf schlank und gesund programmieren.
Die Rezepte in *Schlank und gesund mit der Doc Fleck Methode – Das
Kochbuch* sind nach dem neuesten Stand der Ernährungswissenschaft
entwickelt und können an die eigenen Verträglichkeiten oder Bedürfnisse
angepasst werden. Sie müssen sich also nicht mehr zwischen gesundem
Schlanksein und Genuss entscheiden.

Autorin

Dr. Anne Fleck – kurz »Doc Fleck« – ist seit Jahren international
anerkannte Expertin für innovative Präventiv- und Ernährungsmedizin
und Gesundheit. Mit ihren ganzheitlich orientierten, modernen
Konzepten etablierte sie überzeugende Strategien zum Gesunderhalt.
Als Fachärztin für Innere Medizin und Rheumatologie mit Expertise
in Naturheilverfahren und ganzheitlichen Heilmethoden verfolgt sie
den Ansatz aus effektiver Kombination modernster Spitzenmedizin,
Zuwendung und Naturheilkunde. Sie gilt in Deutschland als Pionierin,
indem sie moderne Forschung und tradierte Heilverfahren innovativ
miteinander verbindet. Einem breiten Publikum bekannt ist sie aus der
Fernsehserie »Die Ernährungs-Docs« (NDR). Anne Fleck lebt in Hamburg
und arbeitet dort in eigener Praxis.

Außerdem von Dr. Anne Fleck im Programm
Schlank und gesund mit der Doc Fleck Methode – Die Grundlagen
Schlank! für Berufstätige

DR. MED. ANNE FLECK

SCHLANK!

und gesund mit der Doc Fleck Methode

Das Kochbuch

REZEPTE: SU VÖSSING

FOTOS: HUBERTUS SCHÜLER

GOLDMANN

Schlank und gesund mit der Doc Fleck Methode – Die Grundlagen und
Schlank und gesund mit der Doc Fleck Methode – Das Kochbuch sind 2017
bereits in einem Band als Hardcover im Becker Joest Volk Verlag erschienen
unter dem Titel *Schlank und gesund mit der Doc Fleck Methode*.

Penguin Random House Verlagsgruppe FSC® N001967

9. Auflage
Gekürzte Taschenbuchausgabe Mai 2019
Wilhelm Goldmann Verlag, München,
in der Penguin Random House Verlagsgruppe GmbH,
Neumarkter Str. 28, 81673 München
Copyright © 2017 der Originalausgabe:
Becker Joest Volk Verlag GmbH & Co. KG, Hilden
Text: Dr. med. Anne Fleck
Rezepte: Su Vössing
Food-Fotografie: Hubertus Schüler
Assistenz: Benedikt Koester
Foodstyling: Stefan Mungenast
Grafiken: Dipl.-Des. Melanie Müller-Illigen, Ellen Schlüter
Umschlag: Uno Werbeagentur, München, nach einem Entwurf des
Becker Joest Volk Verlags
Umschlagmotiv: Justyna Schwertner (Autorenfoto), Adobe Stock (Illustrationen)
Projektleitung: Johanna Hänichen
Koordination Fachlektorat und Nährwertberechnung: Philine Anastasopoulos
Lektorat: Doreen Köstler
Fachlektorat Rezepte: Sebnem Yavuz
Satz: Uhl + Massopust, Aalen
Druck und Bindung: Alcione, Trento
Printed in Italy
KW · Herstellung: IH
ISBN 978-3-442-17818-6
www.goldmann-verlag.de

Besuchen Sie den Goldmann Verlag im Netz:

Inhalt

VORWORT

Ein Leben in bestmöglicher Gesundheit und Vitalität braucht auch solides Wissen über Ernährung und bei manchem von uns eine erfolgreiche Veränderung des Lebensstils. Dieses praxisprobte Wissen, wie Ihnen die individuelle, maßgeschneiderte Ernährung, gesunder Schlaf und neue gesunde Rituale gelingen, finden Sie kompakt in Band 1 *SCHLANK! und gesund mit der Doc Fleck Methode – Die Grundlagen*. Darin zeige ich Ihnen den neuesten Stand der Forschung zum Thema Ernährung und meine besten Tipps aus der ganzheitlichen Medizin. Dabei gibt es für den einen oder anderen auch manche Überraschung: Entgegen der landläufigen Meinung ist nicht Fett der Übeltäter, der Übergewicht und chronische Erkrankungen verursacht, sondern minderwertige, schnell resorbierbare Kohlenhydrate und zu häufige Mahlzeiten. Nicht nur das, was wir essen, ist entscheidend. Die Fragen, wie esse ich, wie kaue ich, wie oft esse ich und wann esse ich – der individuell passende Zeitpunkt der Nahrungsaufnahme –, sind von entscheidender Bedeutung. Unsere tägliche Ernährung und das »Wann« und »Wie« wir essen haben auf diese sensible Art und Weise einen unmittelbaren und mächtigen Einfluss auf unser Darmmilieu. Und unser Darm entscheidet als wichtigstes Gesundheitszentrum unseres Körpers über Gesundheit und sogar unser Gewicht und die gute Laune. Mit einer kohlenhydratangepassten und antientzündlichen Ernährung, die Darmflora und Stoffwechsel neu aufbaut, werden Sie langfristig nicht nur gesund schlanker, gleichzeitig sinken die Risiken für Herzinfarkt, Schlaganfall, Diabetes, Demenz und Krebs. Denn schlank sein allein bedeutet noch lange nicht, dass Sie auch gesund sind. Über 30 Prozent der äußerlich Schlanken sind sogenannte TOFIs – von englisch *Thin Outside, Fat Inside*, das heißt, äußerlich dünn und um die schlanke Taille beneidet, tragen diese Menschen entzündlich veränderte Fettzellen in sich, die durch falsch komponierte Mahlzeiten und zu häufiges Essen zu heimlichen Krankmachern mutiert sind.

Meine seit Jahren in der Praxis bewährte Heilmethode soll Ihnen helfen, Ihre Gesundheit durch moderne Ernährungsumstellung, Lebensstil- und Verhaltensänderung selbst in die Hand zu nehmen – mit viel Freude und Genuss. Die neue Ernährung stabilisiert nicht nur Stoffwechsel, Darmmilieu und Immunzellen des Darms, sondern Körperzusammensetzung, Blutwerte, Schlaf, Energielevel, Stimmung, Konzentration, Gedächtnis und Wohlbefinden. Heißhunger und Zuckersucht werden abgestellt und eine neue, sinnlich-genussvolle Beziehung zum Essen wird entwickelt. Und noch eine gute Nachricht: Es ist einfacher, ein gesundes Schlankziel und Normalgewicht zu erreichen und zu halten, als Sie denken. Der Schlüssel zum Erfolg liegt in der Ganzheitlichkeit der angewandten Methode.

In diesem Buch finden Sie mit einer Vielzahl an leckeren Rezepten, die praktische Umsetzung meines Ernährungskonzepts. Dementsprechend sind die Rezepte in zwei Phasen eingeteilt. In Phase 1 drücken wir den Reset-Knopf und packen Heißhunger und Entzündungen im Körper sowie Übergewicht an der Wurzel: Zucker wird konsequent verbannt. So wird der Stoffwechsel aktiviert, chronische Entzündungen werden gezähmt und das Darmmilieu wird auf schlank programmiert. Für einen Zeitraum von mindestens 21 Tagen werden alle stark kohlenhydratdichten Lebensmittel aus Ihrem Speiseplan gestrichen. Wenn Sie diese Hürde genommen haben, sind die Weichen für Ihr ge-

sundes Schlanksein gestellt. In Phase 2 wird die Ernährung anschließend vielfältiger und bunter. Auch Kohlenhydrate dürfen jetzt in individuell passender Dosis wieder auf den Teller.

Alle Rezepte sind nach dem neuesten Stand der Ernährungswissenschaft entwickelt und können auf die eigenen Verträglichkeiten, Vorlieben oder Bedürfnisse angepasst werden. Das Schöne daran ist: Sie müssen sich nicht mehr zwischen gesundem Schlanksein oder Genuss entscheiden, denn Gesundheit und Genuss gehören zusammen. Legen Sie einfach los! Kochen Sie sich nicht nur schlank, sondern gesund!

Herzlichst, Ihre Dr. med. Anne Fleck

SELBST KOCHEN MACHT GESUND – UND SCHLANK

KOCHEN OHNE RECHENSCHIEBER: EINFACH, SCHNELL, ALLTAGSTAUGLICH

Vor der Einführung des Taschenrechners war ein Rechenschieber das unentbehrliche Hilfsmittel für Berechnungen in Schule, Wissenschaft und Technik. Rechenschieber? Tempi passati, das ist Vergangenheit. Genauso zählen Ernährungsempfehlungen, die fettarme Rezepte und Kalorienrechnerei betonen, zu den ausgedienten Ansätzen: Nur die wenigsten Menschen weltweit halten das durch.

Schlank! ist anders. Es setzt auf gesunde, köstliche Zutaten, einfache Zubereitung, Vielfalt, Freude am Genuss und am Experimentieren. Das gilt vor allem für den absoluten Kochanfänger, der bisher nur im Auftauen von Tiefkühlpizza ausgewiesener Experte war.

Für alle Anfänger gilt: Bleiben Sie gelassen und neugierig und legen Sie einfach los!

TIPP Kochen macht deutlich mehr Spaß mit weniger, aber guter Ausrüstung. Sorgen Sie für ein gutes Küchenmesser. Idealerweise befinden sich auch ein Gemüse-Spiralschneider und ein Pürierstab und/oder Standmixer im Haushalt. Was nicht ist, kann ja mit der Zeit noch werden.

ALLE REZEPTE FUNKTIONIEREN IN ALLEN SCHLANK!-PHASEN UND DARÜBER HINAUS

Die Schlank!-Rezepte des Buches sind nach aktuellem Stand der Ernährungsforschung entwickelt und können nach eigenen Bedürfnissen verändert werden. Sie liefern eine ausgeklügelte Komposition aus gesunden Lebensmitteln – mit reichlich Makronährstoffen, Mikronährstoffen, Vitaminen und Ballaststoffen. Die für Phase 1 ausgewiesenen Rezepte passen auch in die Phase 2 und natürlich sogar darüber hinaus. Alle Rezepte des Buches können Sie nach Belieben jederzeit in Ihre Kochroutine integrieren und genießen.

WARUM ABWECHSLUNG SO WICHTIG IST

Gesund und schlank zu essen bedeutet, sich ausgewogen zu ernähren. Setzen Sie bevorzugt auf frische, regionale, saisonale Produkte und bunte Vielfalt. Auch Tiefkühlkost ohne Zusätze ist eine Alternative, wenn es schnell gehen muss. Abwechslung auf dem Teller ist enorm wichtig. Nur so kann man sich nährstofftechnisch optimal versorgen. Ausgewogenheit bedeutet nicht rigiden Verzicht und sklavisches Knabbern am Salatblatt – ganz im Gegenteil. Ausgewogen zu essen heißt, auf Vielfalt und Genuss zu setzen und nicht am Fett zu sparen.

Einfache SCHLANK!-Praxis im Alltag

Planen Sie Ihre Mahlzeiten eine Woche im Voraus, zum Beispiel an einem Sonntag, vielleicht sogar etwas hungrig vor einer Mahlzeit. Das macht Appetit, sich mit dem Essen zu beschäftigen. Mit einem guten Plan und dem Einkaufszettel gerüstet, verbringen Sie weniger Zeit in Supermärkten mit großer Verführungskunst und kaufen nur noch gezielt ein.

Wählen Sie für die langen Arbeitstage einfache, für Sie passende Rezepte aus. Stöbern Sie im Schlank!-Register nach Lebensmitteln, die Sie noch zu Hause haben. Wenn etwa Gemüse wie Karotten oder Zucchini vorrätig ist, eignet sich eine schnelle Mahlzeit aus mit dem Spiralschneider geschnittenen Gemüsespaghetti. Reste von Kohl und anderem Gemüse können mit Biogemüsebrühe mühelos als Suppe verwertet und mit Kräutern, etwas angerösteten Nüssen und Samen verfeinert werden. Machen Sie es sich einfach. Auch wenn es wunderbare Rezepte gibt, wenn es schnell gehen muss oder Sie bisher überhaupt keine Kocherfahrung haben, eignet sich als rezeptloses Fast Food par excellence auch Tiefkühlgemüse ohne Zusatzstoffe mit (Tiefkühl-)Kräutern, Gewürzen, etwas Olivenöl oder Butter, Pfeffer und Salz aufgepeppt. Ein Omelette, ein Shake, das Doc Fleck Frühstück oder Beeren mit griechischem Joghurt und gehackten Mandeln sowie die Notfallsnacks sind simpelste genussvolle Alternativen – die bekommen Sie auch als Küchennerd hin.

WIE KANN EINE SCHLANK!-WOCHE AUSSEHEN?

An vollen Arbeitstagen (Montag bis Freitag) zum Beispiel das Doc Fleck Frühstück als festes Ritual. Mittagessen: nach dem Tellerprinzip 50 % Gemüse, Salat, viel Eiweiß, etwas Fett, keine Beilagen oder (Salat-)Saucen. Sie folgen nicht der Herde in der Kantinenschlange, sondern stellen sich Ihren Teller zusammen. Abendessen mit einfachen Rezepten, beispielsweise einer Suppe. Für manchen Anfänger anspruchsvollere Rezepte sind für das Wochenende reserviert oder für Tage, an denen Sie mehr Muße und Zeit zum Schnippeln haben.

Das Erstellen von Einkaufslisten für Single-Mann oder Familie erleichtert der kostenlose Mengenrechner für alle Rezepte dieses Buches (www.mengenrechner.de, mehr dazu auf Seite 179). Die Rezepte kann man durch Anpassung der Mengen für die ganze Familie kochen. Wenn Sie sich an das Tellerprinzip halten, können Sie auch allseits beliebte Familienrezepte für sich auf schlank anpassen und Ihr Umfeld mit mehr Beilagen befriedigen.

Für den unausweichlichen Hunger zwischendurch oder als kleine gesunde Mahlzeit lege ich Ihnen die Notfallsnacks ans Herz.

In diesem Sinne: Guten Appetit!

Notfallsnacks

Süß

- 150 g Naturjoghurt mit einer Prise Zimt
- 150 g Naturjoghurt mit 1 EL Obst
  (z. B. Beeren, Aprikosen, Äpfel, Pfirsiche
  oder Birnen)
- 100 g Heidelbeeren oder Himbeeren
  mit 1 EL Sahne oder Naturjoghurt
- 10 Kirschen plus 5 Mandeln
- 7 Weintrauben (plus 1 EL Mandeln oder
  Walnusskerne)
- 2 EL Hüttenkäse mit 1 Aprikose, einem
  kleinen Stück Apfel oder Mango
- 1–2 Aprikosen (alternativ 1 Mandarine,
  1 Nektarine oder ½ Grapefruit) plus
  5 Mandeln

Nüsse und Samen

- 10 Mandeln
- 10 Cashewkerne
- 2 Paranüsse
- 7 Pekannüsse
- 7 Macadamianüsse
- 7 Haselnüsse
- 5 Walnusshälften
- 1–2 EL Kürbis-, Sonnenblumen-
  oder Pinienkerne

Würzig

- 1 hart gekochtes Ei
- ½ Avocado mit Zitronensaft, Pfeffer, Salz
- 1 Bund Radieschen
- 1 große rohe Karotte
- 2 rohe Selleriestangen
- 1 rohe Salatgurke
- 1 mittelgroße Tomate mit Pfeffer und
  etwas Salz
- 100 g körniger Frischkäse oder
  1 EL Hummus mit einer Handvoll
  Gemüsesticks zum Dippen (Karotten,
  Gurken, Kohlrabi, Radieschen, Rettich,
  Stangensellerie, Zucchini)
- 1 Schiffchen aus Chicorée mit
  2 EL Hüttenkäse, Pfeffer und Salz
- 2 Kirschtomaten, gebraten, mit etwas
  Parmesan, Pfeffer und Salz bestreut
- 1 Teller Miso-Suppe
- 5 grüne oder schwarze Oliven
- 1 kleinfingergroßes Stück Käse
- 1 Stück Räucherlachs (50 g)
- 1 Stück Räucherforelle (50 g)
- 2 dünne Scheiben Putenbrust
- 50 g mageres Rindfleisch
- 1 Stück Tofu (50 g) mit Chili, Pfeffer
  und Salz gebraten

Ausführliche Infos
Seite 179

REZEPTE
Phase 1

DOC FLECK FRÜHSTÜCK MIT BEEREN

Zubereitungszeit 8 Minuten

FÜR 2 PERSONEN

250 g gemischte frische Beeren
   (z. B. Himbeeren, Blaubeeren,
   Erdbeeren, Brombeeren,
   Johannisbeeren)

300 g Magerquark

100 g Naturjoghurt (3,5 % Fett)

1 EL Zitronensaft

2 EL Ölmischung aus omegageschützt hergestelltem
   Biolein- und -weizenkeimöl
   (optional mit DHA- und
   Vitamin-D_3-Zusatz)

1 Msp. gemahlene Vanille
   (nach Belieben)

30 g Mandelkerne oder
   Nussmischung, grob gehackt

- Beeren abspülen, gegebenenfalls entstielen und gut abtropfen lassen. Falls verwendet, große Erdbeeren halbieren oder vierteln.
- Quark und Joghurt in eine Schüssel geben und vermengen. Zitronensaft und Öl gut einrühren, bis die Masse homogen ist. Nach Belieben die Vanille einarbeiten.
- Quarkmischung auf zwei Schalen verteilen und die Beeren darübergeben. Mit den Mandeln bestreuen und genießen.

Vegane und laktosefreie Variante

Für diese Varianten können Magerquark und Joghurt durch Chiasamen in Kombination mit Mandel-, Reis-, Kokos- oder Haferdrink ersetzt werden.

TIPP Wer kalte Speisen nicht gut verträgt, sollte den Magerquark rechtzeitig aus dem Kühlschrank nehmen oder statt Milch heißes Wasser zugeben.

DOC FLECK FRÜHSTÜCK MIT BEEREN

FRÜHSTÜCKSRÜHREI MIT CHAMPIGNONS UND LACHS (SIEHE SEITE 16)

FRÜHSTÜCKSRÜHREI MIT CHAMPIGNONS UND LACHS Foto Seite 15

Zubereitungszeit 15 Minuten

FÜR 2 PERSONEN

100 g geräucherter Lachs,
  in Scheiben geschnitten

1 EL Olivenöl

150 g Champignons,
  in feine Scheiben geschnitten

2 Frühlingszwiebeln,
  in feine Ringe geschnitten

4 Eier (Größe L)

40 g Milch (3,5 % Fett)

½ EL TK-Kräutermischung
  oder ½ TL getrocknete
  Kräuter der Provence

Meersalz

6 Cocktailtomaten, geviertelt

1 Stängel Dill,
  Spitzen abgezupft

frisch gemahlener
  schwarzer Pfeffer

■ Die Lachsscheiben auf zwei Tellern anrichten und beiseitestellen.

■ Das Olivenöl in einer Pfanne auf mittlerer Stufe erhitzen. Die Champignons hineingeben und 1–2 Minuten anbraten. Die Frühlingszwiebeln zugeben und 2 Minuten unter gelegentlichem Rühren mitbraten.

■ Inzwischen die Eier mit Milch, Kräutern und etwas Salz in einer Schüssel gut verquirlen. Die Eiermischung in die Pfanne gießen, die Hitze reduzieren und kurz stocken lassen. Dann durchrühren und wieder kurz stocken lassen – die Eiermasse sollte noch etwas cremig sein.

■ Das Rührei auf den vorbereiteten Tellern neben dem Lachs anrichten, mit Cocktailtomaten und Dill garnieren, mit Pfeffer bestreuen und servieren.

+ Optional für Phase 2: Statt Champignons 200 g TK-Erbsen verwenden (pro Person dann 423 kcal, EW 36 g, F 22 g, KH 18 g).

TIPP Für eine vegetarische Variante den Lachs weglassen und stattdessen eine halbe Avocado nehmen: Avocadohälfte schälen, in Scheiben schneiden und neben dem Rührei anrichten.

Pro Person 212 kcal, EW 30 g, F 2 g, KH 15 g

HÄHNCHENFLEISCHEINTOPF
MIT SPINAT Foto Seite 23

Zubereitungszeit 15 Minuten (plus 15–18 Minuten Garzeit)

FÜR 2 PERSONEN

800 g Hühnerbrühe

180–200 g Hähnchenbrustfilet,
   Fett und Sehnen entfernt

80 g Babyspinat

250 g Karotten,
   in Scheiben geschnitten

150 g Fenchelknolle,
   in Stücke geschnitten

150 g weiße feste
   Champignons, halbiert

Meersalz

frisch gemahlener
   schwarzer Pfeffer

gehackte Petersilie oder
   Karottengrün zum Garnieren

■ Die Brühe in einen Topf gießen, die Hähnchenbrust dazugeben und langsam zum Kochen bringen. Dann bei niedriger Hitze 12 Minuten köcheln lassen.

■ Inzwischen den Babyspinat waschen und trocken schleudern.

■ Karotten, Fenchel und Champignons zum Fleisch in den Topf geben, aufkochen und 5 Minuten köcheln lassen. Das Hähnchenfleisch herausnehmen, in Stücke zupfen oder schneiden und wieder in den Topf geben. Mit Salz und Pfeffer abschmecken.

■ Den Babyspinat auf zwei große tiefe Teller oder Schalen verteilen, den heißen Hähnchenfleischeintopf darübergeben und nach Belieben mit Petersilie dekoriert servieren.

+ Optional für Phase 2: 200 g abgetropfte Kichererbsen aus der Dose mit dem Gemüse in den Topf geben (pro Person dann 350 kcal, EW 39 g, F 3 g, KH 32 g).

Pro Person 238 kcal, EW 26 g, F 9 g, KH 9 g

PUTENSCHNITZEL MIT APFEL-SAUERKRAUT

Zubereitungszeit 25–30 Minuten

FÜR 2 PERSONEN

Für das Sauerkraut

1 EL Erdnussöl

60 g Zwiebel,
   in Streifen geschnitten

100 g Apfel
   (am besten Elstar),
   geschält und gewürfelt

250 g mildes Sauerkraut

1 Lorbeerblatt

160 g Hühnerbrühe

Meersalz

frisch gemahlener
   schwarzer Pfeffer

frische Kräuter
   zum Garnieren

Für das Fleisch

1 EL Pflanzenöl
   zum Braten

2 Putenschnitzel
   (à 100 g)

Meersalz

■ Für das Sauerkraut das Erdnussöl in einem Topf auf mittlerer Stufe erhitzen. Zwiebel und Apfel hineingeben und 3–4 Minuten anschwitzen.

■ Das Sauerkraut mit dem Lorbeerblatt hinzufügen, alles gut vermengen und die Brühe angießen. Den Deckel aufsetzen und 15–20 Minuten kochen, dabei zwischendurch umrühren. Nach der Garzeit mit Meersalz und Pfeffer würzen.

■ Für das Fleisch das Pflanzenöl in einer Pfanne auf mittlerer Stufe erhitzen. Das Putenfleisch leicht salzen und im heißen Öl von beiden Seiten insgesamt 2–3 Minuten braten. Den Deckel aufsetzen, vom Herd nehmen und 2 Minuten ziehen lassen.

■ Das Apfel-Sauerkraut auf zwei Teller verteilen, die fertigen Putenschnitzel daneben anrichten und mit Kräutern garniert servieren.

+ Optional für Phase 2: Statt Apfel-Sauerkraut pro Person 100 g gegarte Süßkartoffeln und 50 g gegarte TK-Erbsen zu den Putenschnitzeln reichen (pro Person dann 309 kcal, EW 30 g, F 7 g, KH 29 g).

GLUTENFREI VEGETARISCH EINFACH   Pro Person 562 kcal, EW 33 g, F 42 g, KH 10 g

SPINAT-OMELETTE

Zubereitungszeit 6–8 Minuten

FÜR 2 PERSONEN

40 g Babyspinat

4 Eier
   (Größe M oder L)

3 EL Milch
   (3,5 % Fett)

2 EL Sonnenblumenöl
   plus 1 TL Sonnen-
   blumenöl zum Braten

70 g Cheddar, gerieben,
   plus 1 EL geriebener
   Cheddar (nach Belieben)

frische Kräuter (nach
   Belieben) zum Garnieren

400–500 g Kefir zum
   Servieren

- Den Babyspinat waschen und trocken schleudern.
- Die Eier mit Milch und Sonnenblumenöl in eine Schüssel geben und mit einer Gabel verquirlen. Dann den geriebenen Käse einrühren.
- Eine beschichtete Pfanne auf mittlerer Stufe erhitzen. Das zusätzliche Sonnenblumenöl hineingeben, durch Schwenken verteilen und dann die Eiermasse hineingießen. Mit einem Silikonschaber die leicht gestockte Eiermasse einmal von rechts nach links schieben und von unten nach oben, dann die Masse glatt streichen, den Spinat darauf verteilen, den Deckel aufsetzen und das Omelett bei niedriger Hitze 1–2 Minuten gar ziehen lassen.
- Das Omelett zusammenklappen, halbieren und auf zwei Teller legen. Nach Belieben mit dem zusätzlichen Käse bestreuen, mit Kräutern garnieren und genießen. Dazu den Kefir servieren.

+ Optional für Phase 2: 150 g gekochte TK-Erbsen und 150 g gekochte Süßkartoffelwürfel mit in das Omelett füllen (pro Person dann 719 kcal, EW 40 g, F 43 g, KH 37 g).

Pro Person 289 kcal, EW 30 g, F 8 g, KH 18 g

BUNTER FISCHEINTOPF

Zubereitungszeit 25–30 Minuten (plus 20–22 Minuten Garzeit)

FÜR 2 PERSONEN

1 EL natives Kokosöl

150 g Karotten,
   in Scheiben geschnitten

150 g Knollensellerie,
   in Scheiben geschnitten

150 g Fenchelknolle,
   in Stücke geschnitten

150 g Zwiebeln, gewürfelt

2 Knoblauchzehen, halbiert und
   grüner Keimling entfernt

2 Zweige Rosmarin, Nadeln
   abgezupft und gehackt

2 Zweige Thymian, Blätter abgezupft
   und gehackt

Meersalz

frisch gemahlener schwarzer Pfeffer

20 g Tomatenmark

400 g Fischfond oder Hühnerbrühe

2 Lorbeerblätter

150 g Lauch, in Ringe geschnitten

80 g Zanderfilet, restliche Gräten
   entfernt und Haut geschuppt

80 g Doradenfilet, restliche Gräten
   entfernt und Haut geschuppt

80 g Heilbuttfilet, Haut entfernt

20–30 g Crème fraîche

Dillspitzen oder Estragonblätter
   zum Garnieren

■ Kokosöl in einem breiten Topf auf mittlerer Stufe erhitzen. Karotten, Sellerie, Fenchel, Zwiebeln, Knoblauch, Rosmarin und Thymian hineingeben und 4–5 Minuten unter gelegentlichem Rühren anrösten.

■ Dann mit Meersalz und Pfeffer würzen. Das Tomatenmark dazugeben und 1 Minute unter Rühren mit anschwitzen. Mit dem Fond ablöschen, die Lorbeerblätter zugeben und zum Kochen bringen. Gut durchrühren, den Deckel aufsetzen und bei mittlerer Hitze 10 Minuten köcheln lassen.

■ Die Suppe abschmecken und den Lauch einrühren. Die Fischfilets in mundgerechte Stücke schneiden, leicht salzen und oben auf den Eintopf setzen, den Deckel auflegen und den Eintopf bei mittlerer Hitze 3–4 Minuten gar ziehen lassen.

■ Den Fischeintopf auf zwei tiefe Teller oder Schalen verteilen. Mit Crème fraîche und Kräutern garniert servieren.

+ Optional für Phase 2: Knollensellerie und Fenchel durch die gleichen Mengen Pastinake und Süßkartoffel ersetzen (pro Person dann 383 kcal, EW 30 g, F 8 g, KH 41 g).

**GEMISCHTE KOHLSUPPE
(SIEHE SEITE 25)**

BUNTER FISCHEINTOPF

**STECKRÜBENSUPPE
(SIEHE SEITE 24)**

**HÄHNCHENFLEISCHEINTOPF
MIT SPINAT (SIEHE SEITE 17)**

LAKTOSEFREI GLUTENFREI VEGAN EINFACH   PRO PERSON 100 KCAL, EW 4 G, F 3 G, KH 13 G

STECKRÜBENSUPPE Foto Seite 23

Zubereitungszeit 20 Minuten (plus 25–27 Minuten Garzeit)

FÜR 2 PERSONEN

1 TL natives Kokosöl

120 g Zwiebeln,
   in Stücke geschnitten

1 Knoblauchzehe, halbiert und
   grüner Keimling entfernt und
   Zehe gehackt

1 Zweig Rosmarin,
   Nadeln abgezupft

300 g Steckrübe,
   in Stücke geschnitten

1 Prise Chiliflocken

600 g Gemüsebrühe

Meersalz

frisch gemahlener
   schwarzer Pfeffer

Rosmarinnadeln oder fein
   gehackte Petersilie zum
   Garnieren

- Kokosöl in einem Topf auf mittlerer Stufe erhitzen.
- Zwiebeln, Knoblauch und Rosmarin zugeben und anschwitzen. Steckrübe und Chiliflocken hinzufügen und unter gelegentlichem Rühren 4–5 Minuten anrösten. Die Gemüsebrühe zugießen, zum Kochen bringen und bei mittlerer Hitze 20 Minuten köcheln lassen.
- Suppenmischung in den Standmixer oder Blender geben, leicht mit Salz und Pfeffer würzen und mit der Funktion „heiße Speisen" glatt mixen. Alternativ den Stabmixer verwenden.
- Steckrübensuppe auf zwei tiefe Teller oder Schalen verteilen, mit Rosmarinnadeln garnieren, nach Belieben noch etwas Pfeffer darüberstreuen und servieren.

+ Optional für Phase 2: Pro Person eine Scheibe Wurzelbrot (siehe Seite 155) oder körniges Knäckebrot (siehe Seite 146) ergänzen (pro Person dann 206 kcal, EW 7 g, F 10 g, KH 20 g).

LAKTOSEFREI GLUTENFREI VEGAN   PRO PERSON 167 KCAL, EW 12 G, F 5 G, KH 11 G

GEMISCHTE KOHLSUPPE Foto Seite 23

Zubereitungszeit 30 Minuten

FÜR 4 PERSONEN

2 EL Pflanzenöl

100 g Zwiebeln,
   in Scheiben geschnitten

2 Zweige Thymian,
   Blätter abgezupft

200 g Kohlrabi, gewürfelt

150 g Rosenkohl, halbiert

150 g Karotten,
   in Scheiben geschnitten

Meersalz

frisch gemahlener
   schwarzer Pfeffer

320 g Wirsing, Strunk entfernt
   und Wirsing in Stücke
   geschnitten

320 g Chinakohl, Strunk entfernt
   und Kohl in grobe Stücke
   geschnitten

100 g Räuchertofu,
   in Würfel geschnitten

160 g Spitzkohl, Strunk entfernt
   und Kohl in feine Streifen
   geschnitten

2 Frühlingszwiebeln,
   in Ringe geschnitten

frische Kräuter (nach Belieben)
   zum Garnieren

■ 1 EL Pflanzenöl in einem großen Topf auf mittlerer Stufe erhitzen. Die Zwiebeln mit dem Thymian zugeben und 2 Minuten anschwitzen. Kohlrabi, Rosenkohl und Karotten zugeben, mit Salz und Pfeffer würzen und 1 Minute anschwitzen.

■ 1,7 l Wasser dazugießen und aufkochen. Dann Wirsing und Chinakohl zugeben, wieder zum Kochen bringen und 10 Minuten kochen.

■ Inzwischen das restliche Pflanzenöl in einer Pfanne auf mittlerer Stufe erhitzen und den Tofu darin rundum 3–4 Minuten braten. Pfanne vom Herd nehmen.

■ Spitzkohl und Frühlingszwiebeln zur Suppe geben, aufkochen und nochmals 1 Minute kochen. Mit Salz und Pfeffer abschmecken.

■ Die gemischte Kohlsuppe in vier tiefe Teller oder Schalen füllen, die Tofuwürfel darauf verteilen, mit Kräutern garnieren und genießen.

+ Optional für Phase 2: Pro Person eine Scheibe Wurzelbrot (siehe Seite 155) reichen (pro Person dann 273 kcal, EW 15 g, F 12 g, KH 18 g).

TIPP Die Kohlsuppe schmeckt am nächsten Tag ebenso gut. Also empfiehlt es sich, dieses Rezept auch für zwei Personen zuzubereiten, so hat man am nächsten Tag eine Mahlzeit fertig. Statt Tofu kann man auch kleine Fleischbällchen oder gekochtes Hähnchenbrustfleisch mit dem Wasser in die Suppe geben und mitgaren lassen.

PRO PERSON 595 KCAL, EW 33 G, F 42 G, KH 17 G

ZUCCHINIRÖLLCHEN MIT THUNFISCHFÜLLUNG, GURKENSALAT UND GEBRATENER PAPRIKA

Zubereitungszeit 30 Minuten

FÜR 2 PERSONEN

Für die Röllchen

330–350 g große Zucchini

Meersalz

2 EL Olivenöl

1 Dose Thunfisch im eigenen
　Saft (140 g Abtropfgewicht),
　abgetropft

60 g entsteinte grüne Oliven,
　fein gehackt

250 g Ricotta (40 % Fett i. Tr.)

1 EL Zitronensaft

frisch gemahlener schwarzer
　Pfeffer

Für den Salat

200 g Salatgurke

Meersalz

75 g saure Sahne

2 TL milder Essig (am besten
　Sauerkirschbalsamico)

2 EL Olivenöl oder Mohnöl

5 Stängel Dill, gehackt

frisch gemahlener schwarzer
　Pfeffer

- Den Backofen auf 220 °C Umluft vorheizen. Ein Backblech mit Backpapier auslegen.

- Für die Röllchen die Zucchini putzen und auf einem Gemüsehobel oder einer Mandoline in lange dünne Scheiben schneiden. Leicht mit Salz würzen und 2 Minuten ziehen lassen. Dann die Scheiben mit Küchenpapier trocken tupfen und von einer Seite mit 1 EL Olivenöl einstreichen. Mit der geölten Seite auf das vorbereitete Backblech legen und die andere Seite mit dem restlichen Olivenöl ebenfalls einstreichen. Im vorgeheizten Ofen 8 Minuten backen. Herausnehmen und auskühlen lassen

- In der Zwischenzeit den Thunfisch auseinanderzupfen und in eine Schüssel geben. Oliven, Ricotta und Zitronensaft zugeben, vermengen und mit Salz und Pfeffer würzen. Die Thunfischfüllung in einen Einwegspritzbeutel füllen und die Spitze etwas abschneiden.

- Die Zucchinischeiben der Länge nach in vier Reihen legen, dabei zur Hälfte übereinanderlappen lassen. Die Füllung auf die langen Zucchinireihen spritzen, diese aufrollen und gleich auf zwei Teller setzen.

- Für den Salat die Gurke waschen, dünn in eine Schüssel hobeln, mit etwas Salz würzen und 2 Minuten ziehen lassen. Saure Sahne, Essig, Olivenöl und Dill in einer Schale anrühren, leicht mit Pfeffer würzen, zu den Gurkenscheiben geben und alles vermengen.

Fortsetzung nächste Seite

▷ **ZUCCHINIRÖLLCHEN MIT THUNFISCHFÜLLUNG, GURKENSALAT UND GEBRATENER PAPRIKA**

Für die Paprika

2 EL Olivenöl zum Braten

200 g verschiedenfarbige Cocktailpaprikaschoten, halbiert und entkernt

3 Knoblauchzehen, halbiert, grüner Keimling entfernt und Zehen klein geschnitten

2 Zweige Rosmarin

■ Für die Paprika das Olivenöl in einer Pfanne auf mittlerer Stufe erhitzen. Die Paprikahälften mit Knoblauch und Rosmarin darin 4–5 Minuten unter gelegentlichem Rühren braten.

■ Die gebratenen Paprikaschoten neben den Zucchiniröllchen anrichten und mit dem Gurkensalat servieren.

+ Optional für Phase 2: 50 g gehackte Zwiebeln in 1 TL Pflanzenöl anschwitzen, 150 g Hirse und 300 g Gemüsebrühe dazugeben, aufkochen und 5 Minuten kochen, ausquellen lassen und als Beilage servieren (pro Person dann 888 kcal, EW 42 g, F 46 g, KH 71 g).

TIPP Dazu passt ein Glas Kefir oder Ayran besonders gut.

PRO PERSON 342 KCAL, EW 20 G, F 9 G, KH 39 G

MELONENSALAT MIT LINSEN UND KAISERSCHOTEN Foto Seite 31

Zubereitungszeit 30 Minuten

FÜR 2 PERSONEN
Für den Salat

50 g (Beluga-)Linsen

Meersalz

150 g Kaiserschoten,
  schräg halbiert

300 g Honigmelone (Cantaloupe)

50 g Bresaola (luftgetrockneter
  Rinderschinken) in Scheiben
  (alternativ Räucherfisch-
  oder gekochte Kalbs-
  rückenscheiben)

Kresse zum Garnieren

Für die Vinaigrette

2 Knoblauchzehen,
  halbiert, grüner Keimling
  entfernt und Zehen gehackt

60 g Schalotten,
  fein gewürfelt

1 frische rote Chilischote,
  entkernt und fein gewürfelt

70 g milder Weißweinessig
  (z. B. Condimento bianco)

3 EL Olivenöl

Meersalz

frisch gemahlener
  schwarzer Pfeffer

- Für den Salat die (Beluga-)Linsen in ein Sieb geben und unter fließendem kaltem Wasser abbrausen. Die Linsen in einen Topf geben, 300 g kaltes Wasser zugießen, zum Kochen bringen und bei mittlerer Hitze 20 Minuten köcheln lassen. Dann in das Sieb abgießen, mit kaltem Wasser abbrausen und gut abtropfen lassen.

- Inzwischen leicht gesalzenes Wasser in einem Topf zum Kochen bringen und eine Schüssel mit Eiswasser bereithalten. Die Kaiserschoten im kochenden Salzwasser 2 Minuten garen, in ein Sieb abgießen und 2 Minuten ins Eiswasser geben. Wieder abgießen und abtropfen lassen.

- Melone in dünne Spalten schneiden, entkernen und das Fruchtfleisch von der Schale trennen.

- Für die Vinaigrette Knoblauch, Schalotten, Chili und Essig in einer Schüssel vermischen. Das Olivenöl einrühren und mit Salz und Pfeffer würzen.

- Linsen und Kaiserschoten in die Schüssel mit der Vinaigrette geben und vermischen.

- Zum Servieren den Bresaola auf zwei Teller verteilen und die Linsenmischung mit den Kaiserschoten daneben anrichten. Je zwei bis drei Melonenspalten auf die Teller setzen, mit Kresse garnieren und genießen.

 Optional für Phase 2: Die Linsen durch 150 g abgetropfte Kichererbsen aus der Dose ersetzen und in die Vinaigrette noch 1 TL Ahornsirup einrühren (pro Person dann 304 kcal, EW 16 g, F 9 g, KH 34 g).

RUCOLASALAT MIT HÄHNCHENBRUST UND ARTISCHOCKEN

Zubereitungszeit 25–30 Minuten

FÜR 2 PERSONEN
Für den Salat

150 g Rucola
  (alternativ Feldsalat)

2 Eier (Größe M)

1 TL Erdnussöl zum Braten

160 g Hähnchenbrustfilet,
  Fett und Sehnen entfernt

1 reife Avocado

1 Glas Artischockenherzen
  (etwa 390 g Abtropfgewicht),
  abgetropft

Für die Vinaigrette

30 g Dijon-Senf

2 EL Weißweinessig oder ein
  anderer heller Essig

50 g Olivenöl

1 kleines Bund Schnittlauch,
  in feine Röllchen geschnitten

Meersalz

frisch gemahlener
  schwarzer Pfeffer

■ Für den Salat den Rucola waschen und trocken schleudern.

■ In einem kleinen Topf Wasser zum Kochen bringen. Die Eier hineingeben und 8 Minuten kochen. Abgießen, mit kaltem Wasser abschrecken und pellen. Ein Ei halbieren und das andere Ei klein hacken.

■ Für die Vinaigrette den Senf mit dem Essig in einer Schale glatt rühren. Olivenöl einrühren, Schnittlauch und gehacktes Ei zugeben, vermengen und mit Salz und Pfeffer abschmecken.

■ Das Erdnussöl in einer beschichteten Pfanne auf mittlerer Stufe erhitzen. Die Hähnchenbrust darin von beiden Seiten insgesamt 6–8 Minuten braten. Aus der Pfanne nehmen, in Alufolie einschlagen und 3–4 Minuten ruhen lassen.

■ Inzwischen die Avocado halbieren, den Kern entfernen, Avocado schälen und in Spalten schneiden. Die Artischockenherzen halbieren.

■ Die gebratene Hähnchenbrust in Scheiben schneiden und auf zwei Teller legen. Mit Rucola, Avocadospalten, Artischockenherzen und Eihälften anrichten und mit der Vinaigrette beträufeln.

+ Optional für Phase 2: 150 g Hirse mit 300 g Wasser 5 Minuten kochen, ausquellen lassen, dann mit 1 EL Olivenöl, 2 EL Orangensaft, Salz und Pfeffer abschmecken und zum Salat servieren (pro Person dann 865 kcal, EW 42 g, F 43 g, KH 72 g).

TIPP Für eine vegetarische Variante kann man die Hähnchenbrust durch die gleiche Menge Räuchertofu ersetzen.

RUCOLASALAT MIT HÄHNCHENBRUST UND ARTISCHOCKEN

MELONENSALAT MIT LINSEN UND KAISERSCHOTEN (SIEHE SEITE 29)

GERÄUCHERTE FORELLE MIT GEMÜSESALAT UND AVOCADOSAUCE (SIEHE SEITE 32)

PRO PERSON 227 KCAL, EW 15 G, F 8 G, KH 19 G

GERÄUCHERTE FORELLE MIT GEMÜSESALAT UND AVOCADOSAUCE Foto Seite 31

Zubereitungszeit 20–25 Minuten

FÜR 2 PERSONEN

Für Gemüse und Fisch

120 g Kohlrabi,
   in 5 mm dünne Scheiben
   geschnitten

Meersalz

160 g Aubergine,
   in 8 dicke Scheiben
   geschnitten

120 g grüner Spargel,
   im unteren Drittel geschält

60 g Blumenkohl,
   in sehr kleine Röschen zerteilt

100 g geräucherte Forellenfilets

160 g gegarte Rote Bete
   (vakuumverpackt),
   in 6 Spalten geschnitten

1 TL Kürbiskernöl

Kresse zum Garnieren

Für die Sauce

80 g Avocadofruchtfleisch,
   grob in Stücke geschnitten

2 EL Zitronensaft

100 g kohlensäurehaltiges
   Mineralwasser

Meersalz

frisch gemahlener
   schwarzer Pfeffer

■ Für das Gemüse mit einem Ausstecher (∅ 3–4 cm) kleine Kreise aus den Kohlrabischeiben ausstechen, alternativ die Kohlrabi würfeln. Ein kleines Backblech zur Hälfte leicht mit Salz bestreuen, Kohlrabikreise und Auberginenscheiben darauflegen, leicht salzen und 5 Minuten ziehen lassen.

■ In der Zwischenzeit leicht gesalzenes Wasser in einem breiten Topf zum Kochen bringen und eine Schüssel mit Eiswasser bereithalten. Den Spargel im kochenden Salzwasser 1 Minute blanchieren. Herausheben und 1 Minute ins Eiswasser geben. Aus dem Eiswasser nehmen und mit Küchenpapier trocken tupfen. Die Spargelspitzen etwa 4 cm lang abschneiden, die Stangenreste schräg in Stücke schneiden und alles beiseitestellen.

■ Blumenkohlröschen ins kochende Salzwasser geben und 30–40 Sekunden blanchieren. In ein Sieb abgießen und 1 Minute ins Eiswasser geben. Abgießen und abtropfen lassen.

■ Ein beschichtetes belgisches Waffeleisen (oder ein anderes Waffeleisen) vorheizen. Die Auberginenscheiben mit Küchenpapier trocken tupfen und im heißen Waffeleisen 4–4 ½ Minuten backen. Inzwischen die Kohlrabikreise ebenfalls mit Küchenpapier trocken tupfen.

■ Für die Sauce Avocado, Zitronensaft und Mineralwasser mit etwas Salz und Pfeffer in einen hohen Mixbecher geben und mit dem Stabmixer cremig mixen. Avocadosauce in zwei kleine Schalen füllen.

Fortsetzung nächste Seite

■ Forellenfilets in schöne Stücke auseinanderzupfen und mit Kohlrabi, Aubergine, Spargel, Blumenkohl und Rote-Bete-Spalten dekorativ auf zwei Tellern anrichten. Mit Kürbiskernöl beträufeln, mit Kresse garnieren und mit der Avocadosauce servieren.

+ Optional für Phase 2: 150 g Amaranth mit 300 g Gemüsebrühe und 1 EL Olivenöl 5 Minuten kochen, dann ausquellen lassen und als Beilage servieren (pro Person dann 525 kcal, EW 27 g, F 16 g, KH 63 g).

TIPP Wenn man ein beschichtetes Waffeleisen hat, braucht dieses nicht mit Öl bestrichen zu werden. Ansonsten das Waffeleisen leicht einölen.

PRO PERSON 534 KCAL, EW 40 G, F 34 G, KH 12 G

HÄHNCHENBRUSTSPIESSE MIT MORCHELSALAT

Zubereitungszeit 30 Minuten

FÜR 2 PERSONEN

Für die Spieße

200 g Hähnchenbrustfilet,
  Fett und Sehnen entfernt

Sonnenblumenöl zum Einfetten

200 g Naturjoghurt (3,5 % Fett)

1 Knoblauchzehe

Meersalz

frisch gemahlener
  schwarzer Pfeffer

30 g Rucola

80 g Mandelkerne

Für den Salat

50–60 g frische Morcheln
  (alternativ Kräuterseitlinge
  oder Champignons)

3 EL Sonnenblumenöl

50 g rote Zwiebel,
  in Streifen geschnitten

2 EL Apfelessig

Meersalz

frisch gemahlener
  schwarzer Pfeffer

300 g Salatgurke,
  längs halbiert, Kerne entfernt
  und Gurke in dünne Scheiben
  geschnitten

60 g Radieschen,
  in Scheiben geschnitten

- Für die Spieße das Hähnchenfleisch abspülen und mit Küchenpapier trocken tupfen. Das kleine Innenfilet abtrennen und das Außenfilet der Länge nach in fünf Stücke schneiden.
- Sechs Holzspieße mit etwas Sonnenblumenöl einfetten und je ein Fleischstück der Länge nach auf die Spieße ziehen.
- Den Joghurt in eine Schüssel geben und den Knoblauch mit der Knoblauchpresse in die Schüssel drücken. Mit Salz und Pfeffer würzen und durchrühren. Die Hälfte der Joghurtmischung in eine nicht zu große Auflaufform oder auf ein kleines Backblech geben, die Spieße darauflegen, mit dem restlichen Joghurt bedecken und 15 Minuten bei Zimmertemperatur marinieren.
- In der Zwischenzeit den Backofen auf 180 °C Umluft vorheizen und ein Backblech mit Backpapier auslegen.
- Den Rucola waschen und trocken schleudern. Die Mandeln am besten in einem elektrischen Zerhacker 1 Minute zerkleinern, dann den Rucola dazugeben und gut durchmixen, bis die Panade körnig ist und eine schöne grüne Farbe hat.
- Die Hähnchenspieße in die Auflaufform setzen – es sollte möglichst viel vom Joghurt daran haften –, die Panade gleichmäßig darüber verteilen und leicht andrücken. In den vorgeheizten Ofen geben und die Spieße 10 Minuten garen.

Fortsetzung nächste Seite ▷

▷ **HÄHNCHENBRUSTSPIESSE MIT MORCHELSALAT**

- In der Zwischenzeit für den Salat die Morcheln säubern und halbieren. 1 EL Sonnenblumenöl in eine beschichtete Pfanne geben und auf mittlerer Stufe erhitzen. Zwiebelstreifen zugeben und 1 Minute garen. Dann die Morcheln zugeben, vermengen und weitere 2 Minuten garen. Vom Herd nehmen und in der Pfanne etwas ziehen lassen.
- Essig, Salz und Pfeffer in einer Schüssel vermischen. Dann das restliche Sonnenblumenöl einrühren. Gurke und Radieschen mit dem Pfanneninhalt hinzufügen und vermengen.
- Die Hähnchenbrustspieße aus dem Ofen nehmen und auf zwei Teller legen, den Morchelsalat daneben anrichten und genießen.

+ Optional für Phase 2: 150 g Quinoa mit 300 g Gemüsebrühe und 1 EL Olivenöl 5 Minuten kochen, dann ausquellen lassen und als Beilage servieren (pro Person dann 818 kcal, EW 49 g, F 39 g, KH 59 g).

WASSERMELONEN-MILLEFEUILLE MIT FETA Foto Seite 46

Zubereitungszeit 6–8 Minuten

FÜR 2 PERSONEN

25 g Wildkräutersalatblätter
  (alternativ Brunnenkresse,
  Rucola oder Feldsalat)

450 g Wassermelone

120 g Feta

1–2 Prisen Meersalz
  (am besten Fleur de Sel)

2 EL Olivenöl

- Salatblätter waschen und trocken schleudern.
- Die Schale mit der weißen Schicht von der Melone abschneiden, dann das Melonenfleisch in acht gleichmäßig dünne Scheiben schneiden.
- Jeweils eine Melonenscheibe auf zwei Teller legen, etwas Feta darüberkrümeln und drei bis fünf Salatblätter darüberlegen. Mit einer Melonenscheibe abdecken und auf die gleiche Weise weiterschichten, bis alle Zutaten verbraucht sind, dabei mit einer Melonenscheibe abschließen. Diese nur mit Meersalz und restlichen Salatblättchen bestreuen.
- Das Olivenöl über die Wassermelonen-Millefeuilles träufeln und genießen.

+ Optional für Phase 2: Eine Scheibe Wurzelbrot (siehe Seite 155) ergänzen (pro Person dann 448 kcal, EW 16 g, F 31 g, KH 26 g).

TIPP Die Wassermelonen-Millefeuilles kann man auch gut im Voraus zubereiten und 2–4 Stunden kalt stellen. Vor dem Servieren aber etwas Temperatur annehmen lassen, denn die Speise sollte nicht zu kalt sein.

FISCHRAGOUT MIT BROKKOLI IN WÜRZIGER SAUCE

Zubereitungszeit 30–35 Minuten

FÜR 2 PERSONEN

2 EL Sonnenblumenöl

350 g Zwiebeln,
   in Scheiben geschnitten

1 frische rote Chilischote,
   entkernt und klein gewürfelt

2 Knoblauchzehen, halbiert,
   grüner Keimling entfernt und
   Zehen fein gehackt

20 g Ingwerwurzel,
   geschält und fein gehackt

1 ½ TL gemahlene Kurkuma

½ TL gemahlener Kreuzkümmel

1 EL Currypulver

2 EL Rotweinessig

2 Lorbeerblätter

130 g Gemüsebrühe

Meersalz

frisch gemahlener
   schwarzer Pfeffer

200 g Cocktailtomaten,
   halbiert

3–4 Frühlingszwiebeln, schräg in
   Stücke geschnitten

240 g Seeteufelfilet,
   Haut entfernt und Filet
   in 8 Stücke geschnitten

130 g Brokkoliröschen

1 Biolimette,
   in Stücke geschnitten

■ Das Sonnenblumenöl am besten in einem großen guss-eisernen Bräter oder einer gusseisernen Tajine auf mittlerer Stufe erhitzen. Zwiebeln, Chili, Knoblauch und Ingwer dazu-geben und 4–5 Minuten anbraten.

■ Die Gewürze einrühren und 1–2 Minuten mit anrösten. Mit dem Essig ablöschen und die Lorbeerblätter hinzufügen. Die Gemüsebrühe dazugießen und zum Kochen bringen. Mit Salz und Pfeffer abschmecken, dann Tomaten und zwei Drittel der Frühlingszwiebeln dazugeben, den Deckel auf-setzen und 2 Minuten köcheln lassen.

■ Die Fischstücke leicht salzen, in den Topf auf die würzige Sauce setzen und auf mittlerer Stufe abgedeckt 3–5 Mi-nuten garen. Restliche Frühlingszwiebeln darüberstreuen, den Herd ausschalten und das Gericht abgedeckt 2 Minu-ten ziehen lassen.

■ In der Zwischenzeit den Brokkoli mit 80 g Wasser und etwas Salz in einen kleinen Topf geben, den Deckel aufsetzen, zum Kochen bringen, 5 Minuten köcheln lassen und in ein Sieb abgießen.

■ Das Fischragout auf zwei Teller verteilen und die Brokkoli-röschen darauf anrichten. Die Limettenstücke zugeben und servieren.

+ Optional für Phase 2: 100 g Bulgur mit 250 g Wasser und etwas Salz 6–7 Minuten kochen, dann ausquellen lassen und als Beilage servieren (pro Person dann 408 kcal, EW 31 g, F 8 g, KH 49 g).

TIPP Statt Seeteufel kann man auch Zander-, Seelachs- oder Seehechtfilet nehmen, dann aber vorher restliche Gräten ent-fernen.

LAKTOSEFREI GLUTENFREI   PRO PERSON 316 KCAL, EW 43 G, F 9 G, KH 9 G

GEDÄMPFTE GEFLÜGELBÄLLCHEN MIT SALAT

Zubereitungszeit 20–22 Minuten

FÜR 2 PERSONEN
Für die Bällchen

½ EL Sonnenblumenöl
  zum Einfetten

200 g Hähnchenbrustfilet,
  grob in Stücke geschnitten

60 g Zwiebel, klein gewürfelt

1 kleine Knoblauchzehe,
  halbiert, grüner Keimling
  entfernt und Zehe fein gehackt

50–60 g Mandelmehl

1 Ei (Größe L)

Meersalz

frisch gemahlener
  schwarzer Pfeffer

Für den Dip

80 g Weißweinessig
  oder Sushi-Essig

1 TL Sesamöl
  (alternativ 1 TL ungeschälte
  helle Sesamsaat)

2 Frühlingszwiebeln,
  in dünne Ringe geschnitten

1 frische rote Chilischote,
  entkernt und klein gewürfelt

1 frische gelbe Chilischote,
  entkernt und klein gewürfelt

Meersalz

frisch gemahlener
  schwarzer Pfeffer

- Für die Bällchen den Einsatz eines Dämpftopfes mit dem Sonnenblumenöl einfetten.
- Die Hähnchenbruststücke im elektrischen Zerhacker im Pulsmodus zu einer feinen Masse hacken, das dauert etwa 20–30 Sekunden.
- Die Fleischmasse in eine Schüssel geben, Zwiebeln, Knoblauch, Mandelmehl und Ei zugeben, mit Salz und Pfeffer würzen und vermengen. Aus der Masse mit angefeuchteten Händen 16 Bällchen formen und in den vorbereiteten Dämpfeinsatz legen. 200–250 g Wasser in den Topf füllen und zum Kochen bringen. Den Dämpfeinsatz hineinsetzen, den Deckel auflegen und 8–10 Minuten garen.
- Inzwischen für den Dip Essig, Sesamöl, Frühlingszwiebeln und alle Chiliwürfel in eine Schüssel geben, verrühren und mit Salz und Pfeffer würzen. Den Chilidip in zwei Schälchen füllen.

Fortsetzung nächste Seite

▷ **GEDÄMPFTE GEFLÜGELBÄLLCHEN MIT SALAT**

Für den Salat

1 mittelgroßer Kopfsalat,
   Blätter gewaschen
   und trocken geschleudert

6–8 Stängel Minze,
   Blätter abgezupft

Kresse zum Garnieren

■ Die Salatblätter mit der Minze auf zwei Teller verteilen. Die fertig gedämpften Geflügelbällchen aus dem Dämpfeinsatz nehmen und daneben anrichten. Mit Kresse garnieren und den Chilidip dazu servieren.

[+] Optional für Phase 2: Statt des Mandelmehls die gleiche Menge Braunhirsemehl verwenden und in den Dip noch 1 TL Ahornsirup einrühren (pro Person dann 311 kcal, EW 33 g, F 6 g, KH 25 g).

TIPP Statt Geflügelfleisch kann man auch Kalb- oder Rindfleisch verwenden. Man isst dieses Gericht mit den Händen, das heißt: zwei bis drei Minzblätter und ein Bällchen auf ein großes Salatblatt legen, einrollen, in den Dip tunken und abbeißen. Einfach köstlich!

CHAMPIGNONPFANNE MIT FELDSALAT Foto Seite 53

Zubereitungszeit 15 Minuten

FÜR 2 PERSONEN

150 g Feldsalat

2 EL Erdnussöl zum Braten

150 g Schalotten,
   in Scheiben geschnitten

500 g Champignons,
   kleine Exemplare halbiert,
   große geviertelt

Meersalz

frisch gemahlener
   schwarzer Pfeffer

70–80 g Crème fraîche

1–2 EL milder Balsamico-Essig

2 EL Sonnenblumenöl
   oder Olivenöl

- Den Feldsalat waschen und trocken schleudern.
- Das Erdnussöl in einer großen Pfanne auf mittlerer bis hoher Stufe erhitzen. Die Schalotten darin 1 Minute anbraten. Champignons zugeben, vermengen, den Deckel aufsetzen und 4 Minuten braten, dabei zwischendurch einmal durchrühren.
- Mit Salz und Pfeffer würzen, die Crème fraîche einrühren und aufkochen. Die Hälfte des Feldsalats einrühren und eventuell mit Salz und Pfeffer nachwürzen.
- Den Balsamico-Essig und das Sonnenblumenöl in eine Schüssel geben. Den restlichen Feldsalat zufügen, mit Salz und Pfeffer würzen und vermengen.
- Die Champignon-Feldsalat-Mischung auf zwei Teller verteilen, den restlichen Feldsalat darauf anrichten und genießen.

+ Optional für Phase 2: 50 g gehackte Zwiebel in 1 TL Pflanzenöl anschwitzen, 150 g Gerste und 450 g Gemüsebrühe dazugeben, aufkochen, 55–60 Minuten köcheln lassen und als Beilage servieren (pro Person dann 561 kcal, EW 20 g, F 24 g, KH 59 g).

GEMÜSEAUFLAUF MIT FETA

Zubereitungszeit 25–30 Minuten (plus 20 Minuten Garzeit)

FÜR 2 PERSONEN

2 EL Olivenöl plus
  etwas Olivenöl
  zum Einfetten

Meersalz

250 g Karotten,
  in Scheiben geschnitten

100 g grüne Bohnen,
  in 2–3 cm lange Stücke
  geschnitten

150 g Blumenkohlröschen

150 g Brokkoliröschen

100 g Fenchelknolle,
  in Stücke geschnitten

200 g Feta,
  grob zerkrümelt

80 g Mandelkerne

30 g Petersilienblätter

▪ Den Backofen auf 180 °C Umluft vorheizen. Eine Auflaufform (28 × 20 cm) mit etwas Olivenöl einfetten.

▪ Wasser in einen großen Topf füllen, 1 EL Salz zugeben und zum Kochen bringen. Karotten in das kochende Wasser geben und aufkochen. Nach 1 Minute die Bohnen zugeben. Wieder aufkochen lassen, nach 1 Minute den Blumenkohl hinzufügen, aufkochen und nach 1 Minute Brokkoli und Fenchel zugeben. Erneut aufkochen und noch 1 Minute kochen.

▪ Dann das Gemüse in ein Sieb abgießen, dabei etwas vom Kochwasser auffangen. Das Gemüse in die vorbereitete Auflaufform geben und den Feta untermischen. 40 g vom Kochwasser angießen.

▪ Die Mandeln mit der Petersilie in einen hohen Mixbecher geben und mit dem Stabmixer zu einer körnigen grünen Masse mixen. Über dem Gemüse verteilen, das Olivenöl darüberträufeln und im vorgeheizten Ofen 20 Minuten backen.

▪ Den Gemüseauflauf aus dem Ofen nehmen und aus der Form servieren.

 Optional für Phase 2: Zum Gemüseauflauf pro Person eine Scheibe Proteinbrot (siehe Seite 150) reichen (pro Person dann 851 kcal, EW 40 g, F 61 g, KH 30 g).

TIPP Alternativ zum frischen Gemüse kann man auch qualitativ hochwertige TK-Ware verwenden.

**WASSERMELONEN-MILLEFEUILLE
MIT FETA (SIEHE SEITE 37)**

LAMMLACHS MIT ZUCCHINI-MILLEFEUILLES

PRO PERSON 503 KCAL, EW 34 G, F 30 G, KH 10 G

LAMMLACHS MIT ZUCCHINI-MILLEFEUILLE

Zubereitungszeit 40–45 Minuten (plus 10 Minuten Marinierzeit)

FÜR 2 PERSONEN

Für die Millefeuilles

700 g Zucchini (etwa 3 gleichmäßig dicke Zucchini)

Meersalz

2 EL Olivenöl

1 TL getrocknete Kräuter
der Provence oder
italienische Kräuter

2 EL Zitronensaft

4 kleine Zweige Rosmarin

Für das Fleisch

1 EL Erdnussöl

240 g Lammlachs (ausgelöster
Kotelettstrang), 1 Stunde
vor dem Braten aus dem
Kühlschrank genommen

Für den Dip

100 g Naturjoghurt (3,5 % Fett)

1 Knoblauchzehe, zerdrückt

1–2 EL TK-Kräutermischung

Meersalz

frisch gemahlener schwarzer
Pfeffer

- Den Backofen auf 200 °C Umluft vorheizen. Ein Backblech mit Backpapier auslegen.
- Zucchini dünn in eine Schüssel hobeln, salzen und 10 Minuten ziehen lassen.
- Olivenöl, getrocknete Kräuter und Zitronensaft dazugeben und vermengen. Die Zucchinischeiben in fünf bis sieben Schichten bis zur Hälfte überlappend auf dem Backblech so aufeinanderlegen, dass man vier Streifen von 12–14 cm Länge erhält. Den Rosmarin darauflegen und im vorgeheizten Ofen 25–30 Minuten garen.
- Inzwischen für das Fleisch eine beschichtete Pfanne auf mittlerer Stufe erhitzen. Das Erdnussöl darin heiß werden lassen und das Lammfleisch von beiden Seiten insgesamt 6 Minuten braten, dabei einmal wenden. Auf Alufolie legen, eine Edelstahlschüssel darüberstülpen und 10 Minuten ruhen lassen.
- Für den Dip Joghurt, Knoblauch und Kräuter mit etwas Salz und Pfeffer vermengen und in zwei Schälchen füllen.
- Den Lammlachs in Scheiben schneiden und auf zwei Teller legen. Die Zucchini-Millefeuilles daneben anrichten. Dazu den Dip reichen.

+ Optional für Phase 2: Mit Hirse gefüllte Tomate: 100 g Hirse mit 200 g Wasser, 1 EL Olivenöl, 1 EL Butter, etwas Salz und Pfeffer 5 Minuten kochen und ausquellen lassen. Eine große Fleischtomate quer halbieren, etwas aushöhlen und mit der Hirse füllen. Im vorgeheizten Backofen 10 Minuten bei 180 °C Umluft garen und dazu servieren (pro Person dann 784 kcal, EW 40 g, F 41 g, KH 47 g).

47

ROASTBEEFRÖLLCHEN MIT GRÜNEN BOHNEN

Zubereitungszeit 20–25 Minuten

FÜR 2 PERSONEN

Für Bohnen und Röllchen

Meersalz

150 g Prinzessbohnen

80 g rosa gebratenes Roastbeef,
in 4 Scheiben geschnitten

1 Bund Rucola

80 g Radieschen,
in Scheiben geschnitten

5 g Sprossen nach Wahl
(alternativ Kresse)

Für die Marinade

60 g helle Sojasauce

Saft von ½ Limette

1 TL Sesamöl

1 TL Sonnenblumenöl

1–2 TL Sesamsaat, geröstet

■ Für die Bohnen leicht gesalzenes Wasser in einem Topf zum Kochen bringen und eine Schüssel mit Eiswasser bereithalten. Die Bohnen putzen, waschen und im kochenden Salzwasser 3–4 Minuten garen. In ein Sieb abgießen, 2 Minuten ins Eiswasser geben und durchkühlen lassen. Dann abgießen und gut abtropfen lassen. Die Bohnen der Länge nach an der Bohnennaht auseinanderziehen, sodass die kleinen Bohnenkerne zu sehen sind. Beiseitestellen.

■ Für die Röllchen die Roastbeefscheiben nebeneinander mit etwas Abstand auf ein Schneidebrett legen.

■ Für die Marinade Sojasauce, Limettensaft, Sesamöl, Sonnenblumenöl und Sesam in einer Schale verrühren.

■ Den Rucola waschen, trocken schleudern und in vier gleich große Portionen teilen, dabei darauf achten, dass die Blattenden oben und die Stiele unten liegen. Die Sträußchen mit der Blattseite durch die Marinade ziehen, etwas abschütteln, auf die Roastbeefscheiben legen und einrollen. Die Stielenden vom Rucola etwas abschneiden.

■ Die Roastbeefröllchen auf zwei Teller setzen, Bohnen, Radieschen und Sprossen daneben anrichten, mit der restlichen Marinade beträufeln und servieren.

+ Optional für Phase 2: 150 g Quinoa mit 300 g Gemüsebrühe und 1 EL Olivenöl 5 Minuten kochen, dann ausquellen lassen und als Beilage servieren (pro Person dann 490 kcal, EW 26 g, F 15 g, KH 57 g).

PRO PERSON 201 KCAL, EW 29 G, F 5 G, KH 8 G

GEBRATENE HÄHNCHENBRUST MIT BLUMENKOHL IM GURKENSCHIFFCHEN

Zubereitungszeit 30 Minuten

FÜR 2 PERSONEN

Für das Fleisch

200 g Hähnchenbrustfilet,
   Fett und Sehnen entfernt,
   am besten 20–30 Minuten vor
   dem Braten aus dem Kühlschrank
   genommen

Meersalz

½ EL Erdnussöl zum Braten

Basilikum zum Garnieren

Für den Salat

125 g Cocktailtomaten, halbiert

30 g Schalotten, fein gewürfelt

Meersalz

frisch gemahlener schwarzer Pfeffer

1 TL Olivenöl

5–6 Basilikumblätter, grob zerzupft

Für die Schiffchen

300–320 g Salatgurke

Meersalz

120 g Blumenkohl,
   geraspelt oder fein gehackt

75 g Naturjoghurt (3,5 % Fett)

1 EL Currypulver

1 Msp. Chiliflocken

5–6 Basilikumblätter, grob zerzupft

■ Die Hähnchenbrust in der Mitte halbieren und die Hälften jeweils in drei Stücke schneiden. Mit dem Messer rautenförmig leicht einschneiden und ganz leicht salzen.

■ Für den Salat Tomaten und Schalotten in eine Schale geben und mit Salz und Pfeffer würzen. Olivenöl und Basilikum einrühren und ziehen lassen.

■ Für die Schiffchen die Gurke waschen, einmal quer und dann der Länge nach halbieren, sodass man vier Schiffchen bekommt. Mit einem Löffel die Kerne herauskratzen, die Gurkenstücke ganz leicht salzen und beiseitestellen.

■ 100 g Wasser in einem Topf zum Kochen bringen. Den Blumenkohl hineingeben und 2 Minuten kochen. In ein Sieb abgießen, abtropfen lassen und in eine Schüssel geben. Joghurt, Currypulver, Chiliflocken und Basilikum dazugeben, verrühren, mit Salz abschmecken und die Blumenkohlfüllung in die Gurkenschiffchen füllen.

■ Eine beschichtete Pfanne auf mittlerer bis hoher Stufe erhitzen. Das Erdnussöl zugießen und heiß werden lassen. Die Hähnchenbruststücke darin von beiden Seiten insgesamt 1–2 Minuten braten.

■ Das gebratene Hähnchenfleisch auf zwei Teller verteilen, den Tomatensalat daneben anrichten und je zwei Gurkenschiffchen auf die Teller setzen. Mit Basilikum garnieren und genießen.

+ Optional für Phase 2: 50 g Hirse mit 100 g Wasser 5 Minuten kochen, ausquellen und abkühlen lassen, dann mit in die Joghurt-Blumenkohl-Füllung geben (pro Person dann 381 kcal, EW 34 g, F 7 g, KH 42 g).

LAKTOSEFREI GLUTENFREI   PRO PERSON 463 KCAL, EW 32 G, F 16 G, KH 14 G

FISCH IN SESAMKRUSTE MIT TOPINAMBURSALAT

Zubereitungszeit 22–25 Minuten (plus 35–40 Minuten Garzeit)

FÜR 2 PERSONEN
Für Salat und Spargel

Meersalz

350 g möglichst große
  Topinamburen

70 g Minisalatgurke,
  in kleine Würfel geschnitten

60 g rote Zwiebel,
  in dünne Ringe geschnitten

2 Frühlingszwiebeln,
  in Ringe geschnitten

3–4 EL milder Weißweinessig

frisch gemahlener schwarzer Pfeffer

2 EL Sonnenblumenöl

½ EL Erdnussöl zum Braten

400 g grüner Spargel,
  im unteren Drittel geschält

Für den Fisch

200 g Fischfilet aus dem Mittelstück
  (z. B. Lachs,
  Skrei/Kabeljau oder Zander),
  restliche Gräten entfernt

Meersalz

2 TL glutenfreie Speisestärke

1 Eiweiß (Größe L)

3–4 EL gemischte weiße
  und schwarze Sesamsaat

2 EL Erdnussöl zum Braten

½ Biozitrone,
  in 2–4 Stücke geschnitten

■ Für den Salat leicht gesalzenes Wasser in einem Topf zum Kochen bringen. Die Topinamburen gut waschen und im kochenden Salzwasser 35–40 Minuten garen. In ein Sieb abgießen, leicht abkühlen lassen, dann pellen und in schöne Scheiben schneiden. Die Topinamburscheiben in eine Schüssel geben, Gurken, Zwiebeln, Frühlingszwiebeln, Essig, Salz und Pfeffer zugeben, kurz vermengen, dann das Sonnenblumenöl einrühren und den Topinambursalat beiseitestellen.

■ Für den Fisch das Filetstück in sechs gleich große Stücke schneiden und leicht salzen. Die Speisestärke auf einen Teller streuen. Das Eiweiß in einen tiefen Teller geben und verquirlen. Den Sesam auf einen dritten Teller streuen. Die Fischstücke zunächst in der Stärke wälzen, durch das Eiweiß ziehen, zum Schluss im Sesam wälzen und etwa 5 Minuten ruhen lassen.

■ In der Zwischenzeit für den Spargel das Erdnussöl in einer Pfanne auf mittlerer Stufe erhitzen und den Spargel darin 3–4 Minuten braten, dabei die Pfanne schütteln, damit die Stangen gleichmäßig bräunen. Herausnehmen, leicht salzen und beiseitestellen.

■ In die gleiche Pfanne das Erdnussöl für den Fisch geben und bei mittlerer Stufe heiß werden lassen. Die panierten Fischstücke darin rundum insgesamt 3–4 Minuten knusprig braten.

■ Je drei Stücke Fisch in Sesamkruste auf zwei Teller setzen und den Topinambursalat mit dem Spargel daneben anrichten. Die Zitronenstücke dazulegen und servieren.

| + | Optional für Phase 2: Topinambur durch die gleiche Menge Süßkartoffel ersetzen (pro Person dann 570 kcal, EW 29 g, F 23 g, KH 54 g). |

FISCH IN SESAMKRUSTE MIT TOPINAMBURSALAT

ROASTBEEF MIT KOHLRABISALAT UND BROKKOLIHUMMUS (SIEHE SEITE 55)

CHAMPIGNONPFANNE MIT FELDSALAT (SIEHE SEITE 43)

SPARGEL MIT ERDBEEREN, SALAT UND VANILLE-VINAIGRETTE (SIEHE SEITE 54)

SPARGEL MIT ERDBEEREN, SALAT UND VANILLEVINAIGRETTE Foto Seite 53

Zubereitungszeit 20 Minuten

FÜR 2 PERSONEN

50–60 g Wildkräutersalatblätter
  (gemischt) oder Feldsalat

5–6 dicke Erdbeeren

400 g dicker weißer Spargel
  (5–6 Stangen)

Meersalz

1 Eiweiß

40 g Sonnenblumenkerne

2 Scheiben Ziegenweichkäse
  (à 60–70 g; z. B. Ziegenrolle)

1 EL Erdnussöl zum Braten

50 g milder Weißweinessig
  (z. B. Condimento bianco)

Mark von ½ Vanilleschote

frisch gemahlener
  schwarzer Pfeffer

2 ½ EL Sonnenblumenöl

■ Salat waschen und trocken schleudern, Erdbeeren putzen. Spargel schälen, mit 80–90 g Wasser und etwas Salz in eine große Pfanne geben, den Deckel aufsetzen, aufkochen und 4–5 Minuten garen.

■ Währenddessen das Eiweiß in einem tiefen Teller verquirlen. Die Sonnenblumenkerne auf einen zweiten Teller streuen. Den Ziegenkäse durch das Eiweiß ziehen, dann in den Sonnenblumenkernen wälzen. Das Erdnussöl in einer Pfanne auf mittlerer Stufe erhitzen und den Ziegenkäse darin von beiden Seiten insgesamt 3–4 Minuten braten.

■ Inzwischen Essig, Vanille, etwas Salz und Pfeffer vermischen, dann das Sonnenblumenöl einrühren.

■ Den Spargel schräg in Stücke schneiden und auf zwei Teller legen. Die Erdbeeren in Scheiben schneiden und darauf anrichten. Den Salat in die Mitte geben, den Ziegenkäse darauflegen. Spargel und Salat mit der Vanillevinaigrette beträufeln und servieren.

+ Optional für Phase 2: 150 g Quinoa mit 300 g Gemüsebrühe und 1 EL Olivenöl 5 Minuten kochen, ausquellen lassen und als Beilage servieren (pro Person dann 739 kcal, EW 33 g, F 39 g, KH 58 g).

ROASTBEEF MIT KOHLRABISALAT UND BROKKOLIHUMMUS Foto Seite 53

Zubereitungszeit 25–30 Minuten

FÜR 2 PERSONEN

Für den Salat

350 g Kohlrabi

Meersalz

Sprossen oder
 Kresse zum Garnieren

Für das Fleisch

1 EL Erdnussöl
 zum Braten

260–270 g Roastbeef
 (am besten Dry Aged),
 1 Stunde vor dem Braten
 aus dem Kühlschrank
 genommen

Für den Hummus

½ Dose Kichererbsen
 (125–130 g Abtropf-
 gewicht)

150–160 g Brokkoli, gekocht

Saft von ½ Zitrone

25 g Tahin (Sesammus)

1 EL Olivenöl plus
 1–2 EL Olivenöl
 zum Beträufeln

1 Knoblauchzehe

Meersalz

frisch gemahlener
 schwarzer Pfeffer

■ Für den Salat den Kohlrabi schälen und am besten auf einem Gemüsehobel oder einer Mandoline in sehr dünne Scheiben hobeln. In eine Schüssel geben, leicht salzen und 2–3 Minuten marinieren.

■ Für das Fleisch eine beschichtete Pfanne bei mittlerer Stufe erhitzen. Das Erdnussöl zugeben und heiß werden lassen. Das Roastbeef (nicht salzen!) darin von beiden Seiten insgesamt 4–5 Minuten braten, dabei das Fleisch nur einmal wenden.

■ Das Roastbeef herausnehmen, auf ein Stück Alufolie legen, eine nicht zu große Edelstahlschüssel darüberstülpen und 6 Minuten ruhen lassen. Alternativ das Fleisch in Alufolie einschlagen und mit einer Schüssel abdecken.

■ Inzwischen für den Hummus die Kichererbsen mit Brokkoli, Zitronensaft, Tahin und Olivenöl in einen hohen Mixbecher geben. Knoblauch durch die Knoblauchpresse hineindrücken. Mit Salz und Pfeffer würzen und die Zutaten mit dem Stabmixer zu einem cremigen Hummus mixen.

■ Das Roastbeef in Scheiben schneiden und auf zwei Teller verteilen. Den Brokkolihummus neben das Fleisch geben und beides mit dem zusätzlichen Olivenöl beträufeln. Den Kohlrabisalat auf den Tellern anrichten, mit Sprossen garnieren und servieren.

+ Optional für Phase 2: Statt des Brokkolis die gleiche Menge gekochte Süßkartoffel verwenden (pro Person dann 483 kcal, EW 41 g, F 17 g, KH 35 g).

TIPP Es ist immer gut, das Fleisch rechtzeitig aus dem Kühlschrank zu nehmen, dann wird es nach dem Braten zarter. Und die Methode mit der Edelstahlschüssel ist einfach perfekt, damit das Fleisch ziehen kann.

LAMMHACKFLEISCHSPIEß MIT AUBERGINE UND KICHERERBSEN

Zubereitungszeit 35–40 Minuten (plus 20 Minuten Ruhezeit)

FÜR 4 PERSONEN

Für das Gemüse

600 g Auberginen

Meersalz

6 TL Olivenöl

Für Erbsenmus

und Kichererbsen

Meersalz

120 g TK-Erbsen

220 g Kichererbsen
    aus der Dose, abgetropft

30 g krause Petersilie,
    grob gehackt

1 Knoblauchzehe

1 Msp. gemahlener
    Kreuzkümmel

1 Msp. Chiliflocken

40 g Zitronensaft

50 g Tahin (Sesammus)

50 g Olivenöl

frisch gemahlener
    schwarzer Pfeffer

1 kleine Schalotte, fein gewürfelt

1 EL milder Weißweinessig

■ Den Backofen auf 200 °C Umluft vorheizen. Ein Backblech mit Backpapier auslegen.

■ Für das Gemüse die Auberginen putzen und quer in insgesamt zwölf dicke Scheiben schneiden. Das Innere der Scheiben rautenförmig einschneiden, von beiden Seiten salzen und 20 Minuten ziehen lassen. Dann mit Küchenpapier leicht ausdrücken, auf das vorbereitete Backblech legen und mit je ½ TL Olivenöl beträufeln. Im vorgeheizten Ofen 25–30 Minuten backen.

■ In der Zwischenzeit für das Erbsenmus leicht gesalzenes Wasser in einem Topf zum Kochen bringen und eine Schüssel mit Eiswasser bereithalten. Die Erbsen 2–3 Minuten garen, in ein Sieb abgießen und 3–5 Minuten ins Eiswasser geben. Abgießen und abtropfen lassen.

■ Inzwischen die Kichererbsen in ein Sieb geben, kalt abbrausen und abtropfen lassen. 120 g Kichererbsen mit Erbsen, Petersilie, Knoblauch, Kreuzkümmel, Chiliflocken, Zitronensaft, Tahin und 40 g Olivenöl im Food-Processor 2 Minuten cremig mixen. Alternativ den Stabmixer oder Standmixer verwenden. Das Erbsenmus mit Salz und Pfeffer würzen, in eine Schale füllen und kalt stellen.

■ Für die Kichererbsen Schalotten, Essig, Salz und Pfeffer mit den restlichen Kichererbsen in einer Schüssel vermengen. Dann das restliche Olivenöl in den Kichererbsensalat rühren.

Fortsetzung nächste Seite ▷

▷ LAMMHACKFLEISCHSPIEß MIT AUBERGINE UND KICHERERBSEN

Für die Spieße

220 g Lammfleisch
aus der Hüfte

100 g Kichererbsen
aus der Dose, abgetropft

1 Knoblauchzehe

1 TL getrocknete
Kräuter der Provence

1 Msp. gemahlener
Kreuzkümmel

1 Msp. Chiliflocken

Meersalz

frisch gemahlener
schwarzer Pfeffer

2 EL Erdnussöl zum Braten

Petersilie
zum Garnieren

■ Für die Spieße das Lammfleisch würfeln. Dann mit Kichererbsen, Knoblauch, Kräutern, Kreuzkümmel und Chiliflocken im Food-Processor 1–3 Minuten fein hacken. Alternativ einen Fleischwolf verwenden. Die Fleischmasse mit Salz und etwas Pfeffer würzen und mit angefeuchteten Händen gleichmäßig um vier Holz- oder Metallspieße formen. Das Erdnussöl in einer großen beschichteten Pfanne auf mittlerer Stufe erhitzen. Die Spieße darin rundum insgesamt 6–8 Minuten braten.

■ Je einen Spieß auf einen Teller legen und das Mus mit dem Kichererbsensalat daneben anrichten. Die fertig gegarten Auberginenscheiben aus dem Ofen nehmen und auf die Teller verteilen. Mit Petersilie garnieren und genießen.

 Optional für Phase 2: 300 g Hokkaidokürbis in Würfel schneiden, mit 2 EL Olivenöl und etwas Meersalz vermengen und auf ein mit Backpapier ausgelegtes Backblech geben. Im vorgeheizten Backofen bei 200 °C Umluft 35–40 Minuten backen und dazu servieren (pro Person dann 558 kcal, EW 24 g, F 34 g, KH 31 g).

PRO PERSON 620 KCAL, EW 48 G, F 41 G, KH 11 G

ZUCCHINIPOMMES MIT RÄUCHERLACHS
UND MEERRETTICHDIP Foto Seite 73

Zubereitungszeit 23–25 Minuten

FÜR 2 PERSONEN
Für Pommes und Lachs

80 g Mandelkerne,
   gemahlen, oder Mandelmehl

60 g Parmesan, fein gerieben

1 TL getrocknete Kräuter der
   Provence

1 Msp. Chiliflocken

1 Msp. Paprikapulver

2 Eier (Größe M)

400 g Zucchini,
   in fingerdicke längliche Stücke
   geschnitten

Meersalz

180 g geräucherter Wildlachs
   in Scheiben

Für den Dip

200 g Naturjoghurt (3,5 % Fett)

20 g scharfer Meerrettich
   aus dem Glas

Meersalz

frisch gemahlener schwarzer
   Pfeffer

Dill oder Petersilie zum
   Garnieren

■ Den Backofen auf 200 °C Umluft vorheizen. Ein Backblech mit Backpapier auslegen.

■ Für die Pommes Mandelmehl, Parmesan, getrocknete Kräuter, Chiliflocken und Paprikapulver in einen großen tiefen Teller geben und gut vermengen. Die Eier in einen anderen tiefen Teller geben und verquirlen.

■ Die Zucchinistücke leicht salzen, durch das Ei ziehen, in der Mandelmehlpanade wälzen und auf das vorbereitete Backblech geben. Im vorgeheizten Ofen 15–17 Minuten backen.

■ In der Zwischenzeit für den Dip den Joghurt mit Meerrettich, etwas Salz und Pfeffer vermengen. Den Meerrettichdip in zwei kleine Schalen füllen und mit Dill garnieren.

■ Zum Servieren die Lachsscheiben dekorativ auf zwei Teller legen. Die Zucchinipommes aus dem Ofen nehmen und daneben anrichten. Dazu den Meerrettichdip servieren.

+ Optional für Phase 2: Zucchini durch 200 g Süßkartoffel ersetzen, dabei diese in dünnere Stifte schneiden. Die Backzeit beträgt dann 25 Minuten (pro Person dann 696 kcal, EW 46 g, F 41 g, KH 31 g).

LAMMKARREE MIT TOPINAMBUR UND STANGENBROKKOLI

Zubereitungszeit 40–45 Minuten

FÜR 2 PERSONEN
Für das Gemüse

Meersalz

220–250 g Topinamburen

2–3 Zweige Rosmarin

2 Zweige Thymian

½ Knoblauchzehe,
　halbiert

200–220 g Stangenbrokkoli

1 EL Olivenöl

Für das Fleisch

1 EL Erdnussöl
　zum Braten

420–440 g Lammkarree,
　Fett und Sehnen entfernt

Meersalz

Olivenöl
　zum Beträufeln

Für den Dip

150 g Naturjoghurt
　(3,5 % Fett)

½ Beet Gartenkresse,
　abgeschnitten

1 EL Zitronensaft

Meersalz

frisch gemahlener
　schwarzer Pfeffer

■ Für das Gemüse leicht gesalzenes Wasser in einem Topf zum Kochen bringen. Die Topinamburen gut waschen und im Salzwasser je nach Knollengröße 30–40 Minuten gar kochen.

■ Währenddessen für das Fleisch eine beschichtete Pfanne auf mittlerer bis hoher Stufe erhitzen. Das Erdnussöl darin heiß werden lassen. Das Lammkarree von beiden Seiten leicht salzen und im heißen Öl von allen Seiten gut anbraten, das dauert insgesamt etwa 3 Minuten. Den Deckel aufsetzen und weitere 6 Minuten bei mittlerer Hitze weiterbraten, dabei das Fleisch zwischendurch wenden.

■ Das Lammkarree aus der Pfanne nehmen, gut in Alufolie einschlagen und am besten auf ein Schneidebrett aus Holz legen. Mit einer Edelstahlschüssel abdecken und 25–27 Minuten ruhen lassen.

■ Inzwischen Rosmarin und Thymian mit dem Knoblauch in die gleiche Pfanne geben, auf mittlerer Stufe kurz anbraten und beiseitestellen.

■ Stangenbrokkoli waschen und in einen Topf geben, 50 g Wasser angießen, Olivenöl und etwas Meersalz zugeben, den Deckel aufsetzen und 4 Minuten kochen. Vom Herd nehmen und 2–4 Minuten im abgedeckten Topf nachgaren lassen.

■ Für den Dip den Joghurt, Kresse und Zitronensaft in einer Schale verrühren und mit Salz und Pfeffer abschmecken.

Fortsetzung nächste Seite

■ Die fertig gegarten Topinamburen abgießen und auf zwei Teller verteilen. Brokkoli daneben anrichten und die Kräuter-Knoblauch-Mischung aus der Pfanne darübergeben. Das Lammkarree aus der Alufolie nehmen, in vier Stücke schneiden, auf die Teller legen und mit etwas Olivenöl beträufeln. Den Joghurtdip separat dazu servieren.

+ Optional für Phase 2: Einen Stampf aus 300 g gegarten TK-Erbsen ergänzen (pro Person dann 538 kcal, EW 61 g, F 18 g, KH 22 g).

TIPP Das Abdecken mit der Edelstahlschüssel ist wichtig, damit sich die Wärme optimal verteilen kann und das Fleisch nachher beim Anschneiden rosa ist.

GLUTENFREI VEGETARISCH EINFACH   PRO PERSON 669 KCAL, EW 21 G, F 55 G, KH 15 G

GEBRATENER CHICORÉE UND RADICCHIO MIT VANILLE-ZIMT-MANDELN Foto Seite 82

Zubereitungszeit 10–12 Minuten

FÜR 2 PERSONEN

500 g Chicorée

250 g Radicchio

2 EL Erdnussöl zum Braten

Meersalz

15 g natives Kokosöl zum Rösten

130 g Mandelkerne

Mark von ½ Vanilleschote oder
    ½ TL Vanillepaste

1 TL gemahlener Zimt

80 g Crème fraîche

frisch gemahlener
    schwarzer Pfeffer

Petersilie zum Garnieren

◾ Den Chicorée waschen und längs halbieren. Den Radicchio waschen und in sechs bis acht Stücke schneiden.

◾ Das Erdnussöl in einer großen Pfanne auf mittlerer Stufe erhitzen. Chicorée und Radicchio in die Pfanne geben und insgesamt 4–5 Minuten rundum braten. Dann den Deckel aufsetzen, vom Herd nehmen und 2 Minuten ziehen lassen. Erst dann mit Salz würzen.

◾ Inzwischen das Kokosöl in einer Pfanne oder einem Topf bei mittlerer Hitze zerlassen. Die Mandeln zugeben und 3 Minuten rösten. Die gerösteten Mandeln in eine kleine Schüssel geben, Vanille, Zimt und etwas Meersalz dazugeben und vermengen.

◾ Zum Servieren die Crème fraîche auf zwei Teller verteilen und leicht mit Salz und Pfeffer würzen. Gebratenen Chicorée, Radicchio und Vanille-Zimt-Mandeln darauf anrichten. Mit Petersilie garnieren und genießen.

⊞ Optional für Phase 2: Dazu passt ein Hirsesalat: 100 g Hirse mit 200 g Wasser und etwas Salz 5 Minuten kochen, ausquellen und abkühlen lassen, dann mit 10 g fein gehackter Softaprikose, 3 EL Granatapfelkernen und einem Schuss Orangensaft vermengen (pro Person dann 878 kcal, EW 27 g, F 57 g, KH 54 g).

LAKTOSEFREI   GLUTENFREI   PRO PERSON 268 KCAL, EW 25 G, F 16 G, KH 5 G

LACHS AUF ZUCCHINIGEMÜSE IN BACKPAPIER GEDÄMPFT

Zubereitungszeit 20 Minuten (plus 8 Minuten Garzeit)

FÜR 2 PERSONEN

Für die Sauce

1 EL Sojasauce

1 EL Austernsauce

½ TL Sesamöl

½ EL Sesamsaat, geröstet

1 Stängel Minze,
   Blätter abgezupft
   und fein gehackt

½ frische rote Chilischote,
   entkernt und fein gewürfelt

1 kleine Knoblauchzehe,
   zerdrückt

10 g Ingwerwurzel, geschält
   und fein gewürfelt

Saft von ½ Limette

Für Gemüse und Fisch

150 g gelbe Zucchini

150 g grüne Zucchini

1 Frühlingszwiebel,
   in Ringe geschnitten

200 g frischer Lachs
   (Mittelstück), Haut,
   Fett und Gräten entfernt

Biozitronen- oder
   Biolimettenstücke
   zum Garnieren

■ Für die Sauce alle Zutaten in einer Schale verrühren.

■ Für das Gemüse beide Zucchini waschen und auf einer Vierkantreibe oder einer Mandoline in Streifen schneiden, dabei die Mitte mit den Kernen nicht verwenden. Zucchinistreifen in eine Schüssel geben, die Frühlingszwiebel hinzufügen und vermischen. Die Gemüsemischung auf zwei Bögen Backpapier (à 30 cm lang) zu zwei jeweils 7 × 14 cm großen Streifen legen.

■ Den Lachs längs halbieren, dann quer in sechs bis sieben Stücke schneiden. Die Lachsstücke auf das Gemüse legen und die Sauce darübergießen. In das Backpapier einschlagen und zu Päckchen verschließen, dabei die Seiten am besten mit metallenen Büroklammern feststecken. Die Päckchen in einen Dämpfeinsatz legen.

■ 600–800 g Wasser in einen Topf füllen und zum Kochen bringen. Den Dämpfeinsatz in den Topf geben, den Deckel aufsetzen und bei hoher Hitze 8 Minuten garen.

■ Die Päckchen vorsichtig aus dem Dämpfeinsatz nehmen und auf zwei Teller setzen. Dann öffnen, die Zitronenstücke hinzufügen und genießen.

☐+ Optional für Phase 2: Den Bohnensalat von Seite 141 ergänzen (pro Person dann 633 kcal, EW 41 g, F 31 g, KH 37 g).

65

BUNTER SALAT MIT DORADE

Zubereitungszeit 18–20 Minuten

FÜR 2 PERSONEN
Für den Salat

1 Orange

50 g grüne Salatblätter
  oder Blattgemüse
  (z. B. Brunnenkresse,
  Rucola, Feldsalat, Portulak,
  Babyspinat)

70 g Minisalatgurke

1 TL Erdnussöl

400 g roter Chicorée,
  Blätter abgelöst und
  Herzen längs halbiert

Meersalz

2–3 EL milder Weißweinessig

frisch gemahlener
  schwarzer Pfeffer

2 EL Olivenöl

300 g gegarte Rote Beten
  (vakuumverpackt),
  halbiert oder geviertelt

200 g Eiszapfen-Rettiche,
  längs halbiert, alternativ:
  10 Radieschen, halbiert

Für den Fisch

90–100 g Doradenfilet,
  restliche Gräten entfernt

Meersalz

1 EL Erdnussöl
  zum Braten

■ Für den Salat die Orange mit einem Messer großzügig schälen, sodass auch die weiße Haut entfernt wird, und quer in Scheiben schneiden (alternativ die Spalten herausschneiden), dabei über einer Schüssel arbeiten, um den Saft aufzufangen.

■ Die Salatblätter waschen und trocken schleudern. Aus der Gurke mit einem Kugelausstecher kleine Kugeln ausstechen. Beiseitestellen.

■ Für den Fisch das Doradenfilet auf der Innenseite längs der Mittellinie durchschneiden, so erhält man ein kleineres und ein etwas größeres Stück. Die Hautseite der beiden Filetstücke mit dem Messer rautenförmig einschneiden, damit sie nachher eine schönere Kruste bekommen. Die beiden Fischstücke leicht salzen.

■ Eine Pfanne auf mittlerer Stufe erhitzen. Das Erdnussöl zugießen und heiß werden lassen. Die Filetstücke mit der Hautseite nach unten in die Pfanne geben und 3–4 Minuten braten, dann wenden, vom Herd nehmen und 2 Minuten nachgaren lassen.

■ Parallel zum Braten des Fischs für den Salat das Erdnussöl in einer anderen Pfanne auf mittlerer Stufe erhitzen. Den Chicorée darin 1–2 Minuten braten, dann vom Herd nehmen und leicht salzen.

■ Den Essig mit etwas Salz und Pfeffer in eine Schale geben und dann das Olivenöl mit dem aufgefangenen Orangensaft einrühren.

■ Orange, Salat, Gurkenkugeln, Rote-Bete-Stücke und Eiszapfen-Rettiche auf zwei Tellern dekorativ anrichten. Dorade und Chicorée zugeben und die Vinaigrette darüberträufeln.

+ Optional für Phase 2: 150 g Hirse mit 300 g Gemüsebrühe und 1 EL Olivenöl 5 Minuten kochen, dann ausquellen lassen und als Beilage servieren (pro Person dann 599 kcal, EW 23 g, F 16 g, KH 85 g).

LAKTOSEFREI GLUTENFREI VEGETARISCH   PRO PERSON 397 KCAL, EW 26 G, F 15 G, KH 29 G

SELLERIETARTE MIT TOMATEN-AVOCADO-SALAT

Zubereitungszeit 25 Minuten (plus 32–35 Minuten Backzeit, 2–3 Stunden Auskühlzeit und 30 Minuten Ruhezeit)

FÜR 4 PERSONEN

Für die Tarte

Sonnenblumenöl
   zum Ausstreichen

2 EL Nussmehl

600 g Knollensellerie

Saft von 1 Zitrone

Meersalz

2 Eier (Größe L), getrennt

50 g Erbsenmehl
   (alternativ Linsen- oder
   Kichererbsenmehl)

1 TL Backpulver

Für den Salat

500 g Tomaten

1 reife Avocado

50 g Schalotten,
   fein gewürfelt

1 Knoblauchzehe, zerdrückt

Saft von ½ Zitrone

Meersalz

frisch gemahlener
   schwarzer Pfeffer

1 EL Olivenöl

10 Basilikumblätter,
   klein zerzupft

- Für die Tarte den Backofen auf 170 °C Ober-/Unterhitze vorheizen. Eine längliche Tarteform mit Hebeboden (34 × 11 cm) mit Sonnenblumenöl ausstreichen und mit dem Nussmehl ausstreuen.

- Den Sellerie schälen, in Stücke schneiden und in einen Topf geben. Zitronensaft, etwas Meersalz und 100 g Wasser zugeben, zum Kochen bringen, den Deckel aufsetzen und 10–12 Minuten köcheln lassen.

- Die Flüssigkeit abgießen und die Selleriestücke in einen hohen Mixbecher geben. Mit dem Stabmixer gut durchmixen, in eine Schüssel umfüllen und 5 Minuten abkühlen lassen.

- Inzwischen das Eiweiß steif schlagen. Die Eigelbe gut in das Selleriepüree einrühren. Das Erbsenmehl mit dem Backpulver vermengen und ebenfalls einrühren. Zum Schluss den Eischnee unter die Masse ziehen und nur so lange vermengen, bis alle Zutaten gut vermischt sind.

- Die Masse in die vorbereitete Tarteform füllen, glatt streichen und im vorgeheizten Ofen 32–35 Minuten backen. Herausnehmen und die Sellerietarte in der Form 2–3 Stunden vollständig auskühlen lassen.

- Für den Salat Wasser in einem Topf zum Kochen bringen und eine Schüssel mit Eiswasser bereithalten. Die Tomaten, ohne anzuschneiden, im kochenden Wasser 5–6 Sekunden blanchieren. Abgießen und 1–2 Minuten ins Eiswasser geben. Dann die Haut abziehen und in Würfel schneiden.

Fortsetzung nächste Seite ▷

■ Die Avocado halbieren, entkernen, schälen und in Würfel schneiden. Tomaten- und Avocadowürfel mit Schalotten und Knoblauch in eine Schüssel geben, mit dem Zitronensaft beträufeln und mit Salz und Pfeffer würzen. Mit dem Olivenöl beträufeln, alles gut vermengen und 30 Minuten durchziehen lassen.

■ Den Salat in ein Sieb geben und abtropfen lassen, dabei die Flüssigkeit auffangen (siehe Tipp). Das Basilikum unter den Salat heben.

■ Die Sellerietarte aus der Form lösen und auf ein Holzbrett setzen. Den Avocado-Tomaten-Salat darauf anrichten und servieren.

| + | Optional für Phase 2: Eine Scheibe Wurzelbrot pro Person (siehe Seite 155) ergänzen (pro Person dann 607 kcal, EW 30 g, F 32 g, KH 39 g).

TIPP Aus dem aufgefangenen Salatsaft kann man für ein anderes Gericht eine Vinaigrette zubereiten. Die Tarte kann man auch gut am Abend vorher vorbereiten und über Nacht auskühlen lassen.

LAKTOSEFREI GLUTENFREI VEGAN EINFACH   PRO PERSON 194 KCAL, EW 1 G, F 20 G, KH 2 G

THAI-KOKOSMILCHDRESSING Foto Seite 86

Zubereitungszeit 5 Minuten

ERGIBT 2 GLÄSER (à 7 Portionen)

400 g Kokosmilch
aus der Dose

1 Knoblauchzehe

1 frische rote Chilischote,
entkernt und in kleine
Stücke geschnitten

6 Stängel Koriander, gehackt

1 Kaffirlimettenblatt,
in feine Streifen geschnitten

3 Stängel Thai-Basilikum
(alternativ gewöhnliches
Basilikum)

1 kleiner Stängel Zitronengras,
in kleine Stücke geschnitten

20 g Ingwerwurzel, geschält
und in Stücke geschnitten

1 TL Sesamöl
(nach Belieben)

50–60 g Sonnenblumenöl

10 g Meersalz

▧ Alle Zutaten in den Standmixer oder Blender geben und auf der höchsten Stufe 2–3 Minuten glatt mixen. In zwei Schraubgläser füllen und bis zur Verwendung kalt stellen. Alternativ die Zutaten in einen hohen Mixbecher geben und mit dem Stabmixer auf höchster Stufe glatt mixen – am besten gelingt das Dressing allerdings im Blender.

+ Optional für Phase 2: Das Dressing mit 1 EL Ahornsirup verfeinern (pro Person dann 198 kcal, EW 1 g, F 20 g, KH 3 g).

TIPP In einigen Supermärkten gibt es fertige Thai-Kräutermischungen zu kaufen, bestehend zum Beispiel aus Thai-Basilikum, Zitronengras, Chilischote, Kaffirlimettenblatt und Koriander.

PRO PERSON 490 KCAL, EW 21 G, F 28 G, KH 36 G

KAROTTENWAFFELN MIT SONNENBLUMEN-KERNEN UND WILDKRÄUTERSALAT

Zubereitungszeit 30Minuten

FÜR 2 PERSONEN
Für die Waffeln

200 g Karotten, geputzt

80 g Kichererbsenmehl

5 g Backpulver

2 Eier (Größe M)

3 EL Olivenöl

20 g Sonnenblumenkerne

1 Msp. Chiliflocken

1 Msp. gemahlener Zimt

Meersalz

frisch gemahlener
  schwarzer Pfeffer

1 Prise Rauchsalz
  (nach Belieben)

Pflanzenöl zum Einfetten

Für den Salat

30 g grüne
  Wildkräutersalatblätter

2 EL Apfelessig

Meersalz

frisch gemahlener
  schwarzer Pfeffer

3 EL Olivenöl

150 g Papaya, klein gewürfelt

30 g rote Zwiebel, fein gewürfelt

50 g Radicchio,
  in Streifen geschnitten

■ Die Karotten in einem elektrischen Zerhacker fein hacken, alternativ von Hand reiben. In die Rührschüssel der Küchenmaschine geben, Mehl, Backpulver, Eier, Olivenöl, Sonnenblumenkerne, Chiliflocken und Zimt zufügen und mit dem Flachrührer auf niedriger Stufe verrühren. Mit Salz und Pfeffer würzen und nach Belieben Rauchsalz dazugeben. Alternativ alles mit einem Holzlöffel gut vermengen.

■ Ein Waffeleisen gut vorheizen und mit etwas Pflanzenöl einfetten. Aus der Karottenmasse vier Waffeln backen.

■ Inzwischen den Salat waschen und trocken schleudern. Essig, etwas Salz und Pfeffer in eine Schüssel geben und das Olivenöl einrühren. Papaya, Zwiebel, Radicchio und Salatblätter dazugeben und vermengen.

■ Je zwei Karottenwaffeln auf zwei Teller geben, den Wildkräutersalat anrichten, servieren.

 Optional für Phase 2: Statt des Kichererbsenmehls dieselbe Menge Buchweizenmehl verwenden (pro Person dann 486 kcal, EW 17 g, F 27 g, KH 45 g).

**KAROTTENWAFFELN MIT SONNENBLUMENKERNEN
UND WILDKRÄUTERSALAT**

**ZUCCHINIPOMMES MIT RÄUCHERLACHS UND
MEERRETTICHDIP (SIEHE SEITE 59)**

PRO PERSON 462 KCAL, EW 28 G, F 34 G, KH 8 G

GEBACKENER FETA MIT FRISÉESALAT UND BROKKOLI

Zubereitungszeit 10–12 Minuten

FÜR 2 PERSONEN

Für Salat und Gemüse

80–100 g Friséesalat

Meersalz

350 g Brokkoliröschen

2–3 EL milder Essig

frisch gemahlener
   schwarzer Pfeffer

2–3 EL Olivenöl
   oder gutes Nussöl

Für den Feta

1 Ei (Größe M)

50–75 g gemahlene
   Mandelkerne
   oder Mandelmehl

200 g Feta,
   in 4 gleich große
   Stücke geschnitten

2–3 EL Erdnussöl
   zum Braten

- Den Friséesalat in Blätter zerteilen, waschen und trocken schleudern.
- Für das Gemüse leicht gesalzenes Wasser in einem Topf zum Kochen bringen und den Brokkoli darin 5–6 Minuten garen. In ein Sieb abgießen und abtropfen lassen.
- Für den Feta das Ei in einen tiefen Teller geben und verquirlen. Die gemahlenen Mandeln auf einen anderen Teller streuen. Die Fetastücke erst durch das Ei ziehen, dann im Mandelmehl wälzen.
- Das Erdnussöl in einer Pfanne auf mittlerer Stufe erhitzen und die panierten Fetastücke darin von allen Seiten 3–5 Minuten backen.
- Inzwischen Essig, Salz und Pfeffer in eine Schüssel geben und vermischen, dann das Olivenöl einrühren. Friséesalat zugeben und gut vermengen.
- Zum Servieren Friséesalat und Brokkoli auf zwei Teller verteilen. Den fertig gebackenen Feta daneben anrichten und genießen.

+   Optional für Phase 2: Statt Mandelmehl die gleiche Esslöffelanzahl Hirsemehl oder gepufften Amaranth verwenden (pro Person dann 459 kcal, EW 24 g, F 33 g, KH 12 g).

PRO PERSON 407 KCAL, EW 39 G, F 15 G, KH 24 G

ITALIENISCHES GEMÜSE MIT HÄHNCHENBRUST

Zubereitungszeit 20–22 Minuten

FÜR 2-3 PERSONEN

2 EL Erdnussöl zum Braten

250 g Hähnchenbrustfilet,
Fett und Sehnen entfernt und
Fleisch grob in Stücke geschnitten

150 g Zwiebeln, in Stücke
geschnitten

3 Knoblauchzehen, halbiert, grüner
Keimling entfernt
und Zehen gehackt

1 TL getrocknete italienische Kräuter

1 Msp. Chiliflocken

125 g grüne Bohnen, in 2–3 cm lange
Stücke geschnitten

1 Dose Filetti-Tomaten (400 g;
alternativ gehackte Tomaten aus
der Dose)

Meersalz

frisch gemahlener schwarzer Pfeffer

250 g Zucchini,
grob in Stücke geschnitten

250 g Aubergine,
grob in Stücke geschnitten

125 g entsteinte grüne und
schwarze Oliven
(am besten trocken eingelegte)

1 Bund Basilikum,
Blätter abgezupft

frische Kräuter nach Wahl zum
Garnieren (nach Belieben)

■ Einen großen Topf auf mittlerer bis hoher Stufe erhitzen. Das Erdnussöl hineingeben und heiß werden lassen. Die Hähnchenbruststücke darin kurz anbraten, dann Zwiebeln, Knoblauch, getrocknete Kräuter und Chiliflocken zugeben und 2 Minuten anbraten.

■ Bohnen, Tomaten und 50 g Wasser zugeben, mit Salz und Pfeffer würzen, den Deckel aufsetzen und 4 Minuten kochen.

■ Zucchini und Aubergine zugeben, gut verrühren und abgedeckt 7–8 Minuten köcheln lassen. Die Oliven zugeben und unterheben, mit Salz und Pfeffer abschmecken und zum Schluss das Basilikum einrühren.

■ Das Gemüse mit Hähnchenbrust auf zwei Teller verteilen, nach Belieben mit Kräutern garnieren und servieren.

+ Optional für Phase 2: Statt der Zucchini die gleiche Menge Hokkaidokürbis verwenden (pro Person dann 465 kcal, EW 39 g, F 15 g, KH 39 g).

GLUTENFREI VEGETARISCH EINFACH   PRO PERSON 482 KCAL, EW 29 G, F 35 G, KH 11 G

EIER MIT GURKE UND RICOTTACREME

Zubereitungszeit 10–12 Minuten

FÜR 2 PERSONEN

4 Eier (Größe L)

70 g pikante schwarze Oliven
   (am besten trocken
   eingelegte)

250 g Ricotta (40 % Fett i. Tr.)

1 Msp. Paprikapulver

Meersalz

250 g Salatgurke,
   in etwa 5 mm dicke
   Scheiben geschnitten

■ Wasser in einem Topf zum Kochen bringen. Eier hineingeben, 8–9 Minuten kochen, abgießen und mit kaltem
Wasser abschrecken. Eier pellen und längs halbieren.

■ Inzwischen die Oliven fein hacken und in eine Schüssel
geben. Ricotta, Paprikapulver und etwas Meersalz zugeben und verrühren.

■ Die Ricottacreme auf die Hälfte der Gurkenscheiben verteilen und auf zwei Teller setzen. Zwei Gurkenscheiben in
dünne Stifte schneiden. Restliche Creme, restliche Gurkenscheiben und Eierhälften daneben anrichten, mit den
Gurkenstiften garnieren und servieren.

| + | Optional für Phase 2: Ein bis zwei Scheiben körniges
Knäckebrot pro Person (siehe Seite 146) ergänzen (pro
Person dann 552 kcal, EW 31 g, F 39 g, KH 16 g).

LAKTOSEFREI GLUTENFREI VEGAN EINFACH   PRO PERSON 581 KCAL, EW 30 G, F 38 G, KH 22 G

ROSENKOHLCURRY MIT TOFU UND SESAM

Zubereitungszeit 15–17 Minuten

FÜR 2 PERSONEN

2–3 EL Erdnussöl
   zum Braten

200 g Tofu, in mundgerechte
   Stücke geschnitten

200 g Zwiebeln,
   in Scheiben geschnitten

3 Knoblauchzehen, halbiert,
   grüner Keimling entfernt
   und Zehen in Scheiben
   geschnitten

30 g Ingwerwurzel,
   geschält und fein gewürfelt

1–2 EL Currypulver

1 Msp. Chiliflocken

2 EL ungeschälte
   weiße Sesamsaat

400 g TK-Rosenkohl,
   20–30 Minuten in
   einem Sieb aufgetaut

200 g Kokosmilch
   aus der Dose

Meersalz

1 TL Sesamöl (nach Belieben)

■ Einen großen Wok oder eine große Pfanne auf mittlerer bis hoher Stufe erhitzen. Das Erdnussöl darin heiß werden lassen. Den Tofu dazugeben und 1–2 Minuten unter Wenden anbraten. Den Tofu herausnehmen und beiseitestellen.

■ Zwiebeln, Knoblauch und Ingwer in den Wok geben, den Deckel aufsetzen und 2 Minuten garen. Currypulver, Chiliflocken und Sesam dazugeben, vermengen, dann den Rosenkohl hinzufügen, gut durchrühren und die Kokosmilch zugießen. Leicht mit Salz würzen, zum Kochen bringen und abgedeckt 5–6 Minuten köcheln lassen.

■ Zum Schluss den gebratenen Tofu einrühren. Das Rosenkohlcurry auf zwei Teller verteilen, nach Belieben mit dem Sesamöl beträufeln und servieren.

+ Optional für Phase 2: Statt Rosenkohl 300 g klein gewürfelten Hokkaidokürbis verwenden (pro Person dann 581 kcal, EW 30 g, F 38 g, KH 22 g).

TIPP Qualitativ hochwertiger TK-Rosenkohl ist eine gute Alternative zu Frischware. Der ist immer schön und man hat keine Arbeit damit.

FISCH MIT RADIESCHEN, AVOCADO
UND GEBRATENEN SALATHERZEN

GEBRATENER CHICORÉE UND RADICCHIO
MIT VANILLE-ZIMT-MANDELN (SIEHE SEITE 63)

PRO PERSON 376 KCAL, EW 21 G, F 27 G, KH 9 G

FISCH MIT RADIESCHEN, AVOCADO UND GEBRATENEN SALATHERZEN

Zubereitungszeit 15–18 Minuten

FÜR 2 PERSONEN
Für Salat und Sauce

100 g Radieschen, fein gehackt oder in Scheiben geschnitten

1 EL milder Weißweinessig

2 EL Sonnenblumenöl

Meersalz

frisch gemahlener schwarzer Pfeffer

1 EL Erdnussöl zum Braten

4 kleine Salatherzen, halbiert

1 reife Avocado

Saft von ½ Zitrone

Für den Fisch

1 EL Erdnussöl zum Braten

200 g weißfleischiges Fischfilet, ggf. restliche Gräten entfernt und Fisch in 2 Stücke geschnitten

Meersalz,

½ Zitrone, halbiert, zum Servieren

■ Für den Salat die Radieschen mit Essig, Sonnenblumenöl, Salz und Pfeffer vermengen und beiseitestellen.

■ Das Erdnussöl in einer Pfanne auf mittlerer Stufe erhitzen. Die Salatherzen darin insgesamt 2 Minuten braten, dabei erst mit den Schnittflächen nach unten hineingeben. Beiseitestellen.

■ Für die Sauce die Avocado halbieren, entkernen und schälen. Eine Hälfte in Spalten schneiden. Die andere Hälfte mit Zitronensaft, Salz und Pfeffer in einem hohen Mixbecher mit dem Stabmixer cremig mixen.

■ Für den Fisch eine beschichtete Pfanne auf mittlerer Stufe erhitzen. Das Erdnussöl darin heiß werden lassen, den Fisch zugeben und von beiden Seiten je 1 Minute braten.

■ Fischstücke halbieren, etwas salzen und auf zwei Teller legen. Avocadocreme, Avocadospalten, gebratene Salatherzen, Radieschensalat und Zitronenstücke daneben anrichten und genießen.

+ Optional für Phase 2: Dazu passt ein Salat aus Kidneybohnen und Kichererbsen aus der Dose, angemacht mit etwas Zitronensaft, gehackter roter Zwiebel, Salz und Pfeffer (pro Person dann 508 kcal, EW 30 g, F 29 g, KH 25 g)

KAROTTENGEMÜSE MIT HÜFTSTEAK

Zubereitungszeit 15–18 Minuten

FÜR 2 PERSONEN
Für das Fleisch

1 EL Erdnussöl
   zum Braten

2 Rinderhüftsteaks (à 120 g),
   30 Minuten vor dem Braten
   aus dem Kühlschrank
   genommen

Meersalz

frisch gemahlener
   schwarzer Pfeffer

Für das Gemüse

650 g Karotten,
   in etwa 5 mm dicke Scheiben
   geschnitten oder gehobelt

30 g Butter

Meersalz

frisch gemahlener
   schwarzer Pfeffer

½ Bund glatte Petersilie,
   gehackt

■ Für das Fleisch eine Pfanne auf mittlerer bis hoher Stufe erhitzen. Das Erdnussöl hineingießen und heiß werden lassen. Die Hüftsteaks darin von beiden Seiten insgesamt 4 Minuten braten. Aus der Pfanne nehmen, in Alufolie einschlagen und 7–8 Minuten ruhen lassen.

■ Inzwischen für das Gemüse die Karotten in einen Topf geben und 100 g Wasser zugießen. Butter, etwas Salz und Pfeffer hinzufügen, den Deckel aufsetzen, zum Kochen bringen und 4 Minuten kochen. Den Deckel abnehmen und weitere 2 Minuten kochen. Zum Schluss die Petersilie einrühren.

■ Zum Servieren die Hüftsteaks in Stücke schneiden, auf zwei Teller legen und mit Salz und Pfeffer würzen. Das Karottengemüse daneben anrichten und servieren.

+ Optional für Phase 2: Die Karotten durch 200 g TK-Erbsen und 200 g Kidneybohnen aus der Dose ersetzen, die Garzeit beträgt dann 4–5 Minuten (pro Person dann 454 kcal, EW 43 g, F 16 g, KH 28 g).

SAHNEDRESSING

**THAI-KOKOSMILCHDRESSING
(SIEHE SEITE 71)**

PRO PERSON 67 KCAL, EW 1 G, F 6 G, KH 1 G

SAHNEDRESSING

Zubereitungszeit 3–4 Minuten

ERGIBT 5 PORTIONEN

100 g Sahne

60 g rote Zwiebel,
    sehr fein gewürfelt

Saft von 1 Zitrone

Meersalz

frisch gemahlener
    schwarzer Pfeffer

Die Sahne mit Zwiebel und Zitronensaft in einer Schüssel verrühren und das Sahnedressing mit Salz und Pfeffer abschmecken.

 Optional für Phase 2: Sahnedressing mit 1 EL Ahornsirup verfeinern (pro Person dann 72 kcal, EW 1 g, F 6 g, KH 3 g).

TIPP   Das Sahnedressing passt beispielsweise zu Blattsalaten, Gurken- oder Radieschensalat, zu Fischgerichten und gebratener Hähnchenbrust.
Wer mag, kann Sahne auch durch Mandelmus mit etwas Wasser ersetzen.

PFANNEN-FRITTATA

Zubereitungszeit 5 Minuten (plus 8–10 Minuten Garzeit)

FÜR 2 PERSONEN

35 g Rucola

5 Eier (Größe M)

Meersalz

frisch gemahlener
    schwarzer Pfeffer

½ TL Paprikapulver

50 g Mascarpone

2 EL Olivenöl

80 g Kichererbsen
    aus der Dose,
    abgetropft

20–30 g Parmesan,
    gehobelt

■ Den Backofen auf 190 °C Umluft mit Grillfunktion vorheizen.

■ Den Rucola waschen und trocken schleudern. 30 g Rucola grob hacken, den Rest beiseitestellen.

■ 20 g gehackten Rucola mit Eiern, etwas Salz und Pfeffer in einem hohen Mixbecher mit dem Stabmixer pürieren. Paprikapulver, Mascarpone und 1 ½ EL Olivenöl zugeben und cremig mixen.

■ Das restliche Olivenöl in eine ofenfeste beschichtete Pfanne (Ø 24 cm) geben und auf niedriger Stufe erhitzen. Die Eiermasse mit den Kichererbsen in die Pfanne geben und den restlichen gehackten Rucola darauf verteilen. Den Deckel aufsetzen und 3 Minuten vorgaren.

■ Dann die Pfanne in den vorgeheizten Ofen auf die mittlere Schiene stellen und die Frittata 5–7 Minuten backen.

■ Die Frittata aus der Pfanne auf einen großen Teller gleiten lassen, mit Parmesan und beiseitegestellten ganzen Rucolablättern garnieren und servieren.

+ Optional für Phase 2: Pro Person eine Scheibe Wurzelbrot (siehe Seite 155) bestrichen mit Lachscreme (siehe Seite 153) ergänzen (pro Person dann 757 kcal, EW 42 g, F 57 g, KH 17 g).

PFANNEN-FRITTATA

MUFFIN-FRITTATA
(SIEHE SEITE 90)

GLUTENFREI VEGETARISCH EINFACH   PRO PERSON 85 KCAL, EW 6 G, F 6 G, KH 1 G

MUFFIN-FRITTATA Foto Seite 89

Zubereitungszeit 10 Minuten (plus 25–30 Minuten Backzeit)

ERGIBT 10 STÜCK

Pflanzenöl zum Einfetten

1 reife Avocado, halbiert,
  entkernt und geschält

6 Eier (Größe M)

100 g Zucchini, klein gewürfelt

70 g rote Paprikaschote,
  entkernt und klein gewürfelt

1 frische rote Chilischote,
  entkernt und fein gewürfelt

50 g Parmesan, gerieben

frisch gemahlener
  schwarzer Pfeffer

■ Den Backofen auf 180 °C Ober-/Unterhitze vorheizen. Zehn Mulden eines 12er-Muffinblechs mit Pflanzenöl einfetten und beim Vorheizen mit in den Ofen stellen.

■ Eine Avocadohälfte in kleine Würfel schneiden und beiseitestellen. Die andere Hälfte grob in Stücke schneiden, mit den Eiern in einen hohen Mixbecher geben und mit dem Stabmixer zu einer cremigen Masse mixen. In eine Schüssel umfüllen, Avocadowürfel, Zucchini, Paprika, Chili, Parmesan und etwas Pfeffer zugeben und alles gut vermengen.

■ Das heiße Muffinblech aus dem Ofen nehmen, die Frittata-Masse in die Mulden füllen und 25–30 Minuten im vorgeheizten Ofen goldbraun backen.

■ Herausnehmen und in der Form 15 Minuten abkühlen lassen. Dann die Muffin-Frittatas vorsichtig mit einem kleinen Messer aus den Mulden lösen und auf einem Kuchengitter vollständig auskühlen lassen. Am besten frisch genießen.

+ Optional für Phase 2: Als Kontrast 400 g ungesüßtes Apfelkompott dazu servieren (pro Person dann 107 kcal, EW 6 g, F 6 g, KH 7 g).

SHAKE MIT CASHEWMILCH Foto Seite 96

Zubereitungszeit 2 Minuten

FÜR 2 PERSONEN

400 g Cashewmilch,
  gut gekühlt

10 g Cashewkerne

10 g Leinsamenmehl

½–¾ TL gemahlene Kurkuma

50 g Aprikosen, entsteint
  und in kleine Stücke
  geschnitten

■ Alle Zutaten in den Standmixer oder Blender geben und auf der höchsten Stufe glatt mixen. Alternativ alles in einen hohen Mixbecher geben und auf höchster Stufe 2–3 Minuten glatt mixen.

■ Den Cashewmilch-Shake in zwei Gläser füllen und genießen.

+ Optional für Phase 2: Statt frischer Aprikosen 20 g klein geschnittene getrocknete Softaprikosen verwenden (pro Person dann 132 kcal, EW 5 g, F 8 g, KH 12 g).

PRO PERSON 302 KCAL, EW 38 G, F 8 G, KH 12 G

SPITZKOHL MIT RINDFLEISCH UND PETERSILIE AUS DEM WOK

Zubereitungszeit 20–22 Minuten

FÜR 2 PERSONEN

200 g Rinderfilet

60 g Sojasauce

2 Knoblauchzehen

2 frische rote Chilischoten, entkernt und fein gewürfelt

40 g Ingwerwurzel, geschält und fein gewürfelt

½ TL Sesamöl (nach Belieben)

650 g Spitzkohl

2–3 EL Erdnussöl

1 Bund Petersilie, gehackt

■ Das Rinderfilet wie für Geschnetzeltes schräg in schöne Streifen schneiden.

■ Das Fleisch in eine Schüssel geben, die Sojasauce zugießen und den Knoblauch durch die Knoblauchpresse hineindrücken. Chili, Ingwer und nach Belieben Sesamöl zugeben und alles gut vermengen.

■ Den Spitzkohl waschen, längs vierteln, den Strunk herausschneiden und in feine Streifen schneiden.

■ Das Fleisch in ein Sieb geben und die Marinade in einer Schüssel auffangen. Einen Wok auf hoher Stufe erhitzen. 1 EL Erdnussöl zugießen und heiß werden lassen.

■ Das abgetropfte Fleisch in den Wok geben, 1 Minute anbraten und dann unter gelegentlichem Rühren 1 weitere Minute braten. Das Fleisch mit einem Schaumlöffel aus dem Wok nehmen und in die Schüssel mit der Marinade geben.

■ Das restliche Erdnussöl in den Wok gießen, heiß werden lassen und den Spitzkohl darin 3 Minuten anbraten, dabei zwischendurch gut umrühren. Das Fleisch mit der Marinade zugeben und alles 1 Minute garen. Zum Schluss die Petersilie unterrühren.

■ Den Spitzkohl mit Rindfleisch und Petersilie auf zwei Teller verteilen und heiß servieren.

[+] Optional für Phase 2: Dazu passen Süßkartoffeln aus dem Ofen: 180 g Süßkartoffeln schälen und in Spalten schneiden, dann salzen, pfeffern, mit 2 EL Olivenöl beträufeln und vermengen. Auf ein mit Backpapier ausgelegtes Backblech geben und im auf 200 °C Ober-/Unterhitze vorgeheizten Backofen 35–40 Minuten backen (pro Person dann 459 kcal, EW 39 g, F 14 g, KH 35 g).

PRO PERSON 256 KCAL, EW 29 G, F 7 G, KH 14 G

PAPRIKAGEMÜSE MIT ZWIEBELN UND GEBRATENER PUTE

Zubereitungszeit 18–20 Minuten

FÜR 2 PERSONEN
Für das Gemüse

15 g natives Kokosöl

150 g Zwiebeln,
   in Streifen geschnitten

2 Knoblauchzehen,
   halbiert, grüner Keimling
   entfernt und Zehen gehackt

650 g gemischte rote, gelbe
   und grüne Paprikaschoten,
   entkernt und in grobe
   Stücke geschnitten

Meersalz

frisch gemahlener
   schwarzer Pfeffer

Für das Fleisch

5 g natives Kokosöl
   zum Braten

200 g Putenbrustschnitzel,
   30 Minuten vor dem
   Braten aus dem
   Kühlschrank genommen

Meersalz

■ Für das Gemüse eine große Pfanne oder einen Wok auf mittlerer bis hoher Stufe erhitzen. Das Kokosöl darin heiß werden lassen. Zwiebeln und Knoblauch hinzufügen und unter Rühren 2 Minuten anbraten.

■ Paprika zugeben, den Deckel aufsetzen und 4–5 Minuten unter gelegentlichem Rühren garen. Zum Schluss mit Salz und Pfeffer würzen.

■ Parallel zum Braten des Gemüses für das Fleisch eine Pfanne auf mittlerer bis hoher Stufe erhitzen. Das Kokosöl hineingeben und heiß werden lassen. Das Putenfleisch leicht salzen und von beiden Seiten insgesamt 4–5 Minuten braten. Die Pfanne vom Herd nehmen und das Fleisch darin 2 Minuten ruhen lassen.

■ Zum Servieren das gebratene Putenfleisch in Stücke schneiden und auf zwei Teller verteilen. Das Paprikagemüse daneben anrichten und genießen.

+ Optional für Phase 2: 50 g gehackte Zwiebeln in 1 TL Pflanzenöl anschwitzen, 150 g Dinkelkörner und 450 g Gemüsebrühe dazugeben, aufkochen und 55–60 Minuten köcheln lassen. Mit 1 EL Crème fraîche garnieren und als Beilage servieren (pro Person dann 552 kcal, EW 40 g, F 12 g, KH 70 g).

SHAKE MIT MANDELMILCH

**SHAKE MIT CASHEWMILCH
(SIEHE SEITE 91)**

LAKTOSEFREI GLUTENFREI VEGAN EINFACH   PRO PERSON 174 KCAL, EW 6 G, F 14 G, KH 4 G

SHAKE MIT MANDELMILCH

Zubereitungszeit 2 Minuten

FÜR 2 PERSONEN

500 g Mandelmilch,
   gut gekühlt

15 g Mandelkerne

10 g Biohanfsamenmehl
   oder Biohanfsamenpulver

50 g frische Feige,
   in kleine Würfel geschnitten

1 TL gemahlener Zimt

■ Alle Zutaten in den Standmixer oder Blender geben und auf der höchsten Stufe glatt mixen. Alternativ alles in einen hohen Mixbecher geben und auf höchster Stufe 2–3 Minuten glatt mixen.

■ Mandelmilch-Shake in zwei Gläser füllen und genießen.

+ Optional für Phase 2: Statt frischer Feige 25 g klein geschnittene getrocknete Feige oder Aprikose verwenden (pro Person dann etwa 190 kcal, EW 6 g, F 14 g, KH 8 g).

LAKTOSEFREI   GLUTENFREI   VEGAN   EINFACH   PRO PERSON 198 KCAL, EW 8 G, F 16 G, KH 4 G

KNABBERSPAß MIT GERÖSTETEN NÜSSEN UND KERNEN

Zubereitungszeit 2 Minuten (plus 5–8 Minuten Backzeit)

ERGIBT 12 PORTIONEN (à etwa 30 g)

5 g Meersalz

100 g Haselnusskerne

100 g Mandelkerne

100 g Cashewkerne

100 g Kürbiskerne

■ Den Backofen auf 200 °C Umluft vorheizen. Ein Backblech mit Backpapier auslegen.

■ 50 g Wasser mit dem Salz in eine Schüssel geben und vermengen. Alle Nüsse und Kerne dazugeben und gut durchrühren.

■ Die Nussmischung auf das vorbereitete Backblech geben, gleichmäßig verteilen und im vorgeheizten Ofen 5–8 Minuten knusprig rösten.

■ Herausnehmen und gut auskühlen lassen. Dann die geröstete Nussmischung zum Aufbewahren in eine luftdicht schließende Dose füllen. Sie ist etwa 2–3 Wochen haltbar.

+ Optional für Phase 2: Geröstete Nüsse und Kerne als Topping für die herzhafte Feldsalat-Bowl (siehe Seite 108) verwenden (pro Person dann 593 kcal, EW 42 g, F 43 g, KH 3 g).

**KNABBERSPAß MIT
GERÖSTETEN NÜSSEN UND KERNEN**

**WÜRZIG GERÖSTETE
KICHERERBSEN
(SIEHE SEITE 104)**

LAMMLACHS MIT GRÜNEN BOHNEN UND DIP

Zubereitungszeit 18–20 Minuten

FÜR 2 PERSONEN
Für den Dip

80 g Naturjoghurt
(3,5 % Fett)

Meersalz

frisch gemahlener
schwarzer Pfeffer

Für Fleisch und Gemüse

1 EL Butterschmalz

250 g Lammlachs
(ausgelöster Kotelettstrang),
30 Minuten vor dem Braten
aus dem Kühlschrank
genommen

3 Knoblauchzehen,
halbiert und grüner
Keimling entfernt

2 Zweige Rosmarin

400 g grüne Bohnen

Meersalz

100 g Zwiebeln,
in Streifen geschnitten

1 Zweig Bohnenkraut,
Blättchen abgezupft

frisch gemahlener
schwarzer Pfeffer

▦ Für den Dip den Joghurt in eine Schale geben, mit Salz und Pfeffer würzen und kalt stellen.

▦ Für das Fleisch eine Pfanne auf mittlerer Stufe erhitzen. ½ EL Butterschmalz zugeben und heiß werden lassen. Den Lammlachs darin von allen Seiten insgesamt 5 Minuten braten, dabei nach 2 Minuten Knoblauch und Rosmarin zugeben. Das Fleisch samt Knoblauch und Rosmarin herausnehmen, in Alufolie einschlagen und 10 Minuten ruhen lassen.

▦ In der Zwischenzeit für das Gemüse die Bohnen putzen und waschen. Leicht gesalzenes Wasser in einem Topf zum Kochen bringen und die Bohnen darin 2–3 Minuten garen. In ein Sieb abgießen und abtropfen lassen.

▦ Das restliche Butterschmalz in einer zweiten Pfanne oder einem Topf auf mittlerer Stufe erhitzen. Die Zwiebeln zugeben und unter gelegentlichem Rühren 3 Minuten anschwitzen. Bohnen und Bohnenkraut dazugeben, mit Salz und Pfeffer würzen, alles gut vermengen und 2 Minuten schmoren.

▦ Zum Servieren das Lammfleisch aufschneiden und mit Knoblauch und Rosmarin auf zwei Teller legen. Bohnen daneben anrichten und servieren. Dazu den Joghurtdip reichen.

+ Optional für Phase 2: Dazu 150 g Hirse mit 300 g Wasser und etwas Salz 5 Minuten kochen, ausquellen lassen, dann mit frischer Minze, Salatgurke und Tomatenvierteln garniert zum Lammgericht servieren (pro Person dann 731 kcal, EW 41 g, F 23 g, KH 70 g).

BEEREN-MANDEL-BOWL

Zubereitungszeit 4–5 Minuten

FÜR 2 PERSONEN

300 g Naturjoghurt
  (3,5 % Fett), gut gekühlt

80 gemischte TK-Beeren

50 g Mandelmus

50 g Mandelkerne,
  grob gehackt

10 g Kürbiskerne,
  grob gehackt

10–12 Himbeeren

8 Brombeeren

■ Den Joghurt mit TK-Beeren, Mandelmus und 30 g gehackten Mandeln in den Standmixer oder Blender geben und glatt mixen. Alternativ die Zutaten in einen hohen Mixbecher geben und mit dem Stabmixer auf höchster Stufe glatt mixen.

■ Die Joghurtmischung in zwei Schalen füllen, mit restlichen Mandeln, Kürbiskernen, Himbeeren und Brombeeren dekorativ belegen und die Beeren-Mandel-Bowl genießen.

[+] Optional für Phase 2: Die Bowl zusätzlich mit 2 EL klein geschnittenem Trockenobst garnieren (pro Person dann 503 kcal, EW 19 g, F 36 g, KH 20 g).

BEEREN-MANDEL-BOWL

**BUTTERMILCH-RICOTTA-BOWL
(SIEHE SEITE 105)**

WÜRZIG GERÖSTETE KICHERERBSEN Foto Seite 99

Zubereitungszeit 3–5 Minuten (plus 25–30 Minuten Backzeit)

**ERGIBT ETWA
26 PORTIONEN
(à 30 g)**

2 Dosen Kichererbsen
  (à 400 g Abtropfgewicht)

3 EL Olivenöl

1 Knoblauchzehe

10 g gemahlener Kreuzkümmel

2–3 Msp. Cayennepfeffer

1 TL Paprikapulver oder
  Pimentón de la Vera
  (geräuchertes Paprikapulver)

1 TL getrockneter Rosmarin

½ TL gemahlener Zimt

5 g Meersalz

■ Den Backofen auf 200 °C Ober-/Unterhitze vorheizen. Ein Backblech mit Backpapier auslegen.

■ Die Kichererbsen in ein Sieb abgießen, unter fließendem kaltem Wasser abspülen und gut abtropfen lassen.

■ Das Olivenöl in eine Schüssel geben, den Knoblauch mit der Knoblauchpresse in die Schüssel drücken und mit dem Öl vermengen. Dann Gewürze und Salz einrühren, die Kichererbsen zugeben und alles gut vermengen.

■ Die Kichererbsenmischung auf das vorbereitete Backblech geben, gleichmäßig verteilen und 25–30 Minuten im vorgeheizten Ofen knusprig backen (gegen Ende der Backzeit können die Kichererbsen aufplatzen, das ist normal).

■ Aus dem Ofen nehmen und vollständig auskühlen lassen. Dann die würzig gerösteten Kichererbsen zum Aufbewahren in eine luftdicht schließende Dose füllen. Sie sind etwa 4–5 Tage haltbar.

+ Optional für Phase 2: Die gerösteten Kichererbsen passen herrlich als Topping zum Spargel mit Bohnensalat (siehe Seite 141; pro Person dann 499 kcal, EW 28 g, F 17 g, KH 43 g).

GLUTENFREI VEGETARISCH EINFACH PRO PERSON 358 KCAL, EW 17 G, F 23 G, KH 19 G

BUTTERMILCH-RICOTTA-BOWL Foto Seite 103

Zubereitungszeit 5–6 Minuten

FÜR 2 PERSONEN

15 g Pistazienkerne

120 g Honigmelone,
  Kerne und Schale entfernt

50 g kohlensäurehaltiges
  Mineralwasser

300 g Ricotta
  (40 % Fett i. Tr.;
  alternativ Magerquark)

75 g Buttermilch

65 g Aprikosen, entsteint,
  zwei Drittel davon
  in Stücke geschnitten,
  der Rest klein gewürfelt

1 TL Leinsamen

gehackte und ganze
  Minzblätter zum Garnieren

■ Die Pistazien in einer Pfanne ohne Fettzugabe bei mittlerer Hitze 2–3 Minuten rösten, dabei zwischendurch rühren. Vom Herd nehmen, abkühlen lassen und grob hacken.

■ Inzwischen die Honigmelone grob in Stücke schneiden, dann ein bis zwei Stücke klein schneiden und beiseitestellen.

■ Gröbere Melonenstücke, Mineralwasser, Ricotta, Buttermilch und größere Aprikosenstücke in den Standmixer oder Blender geben und cremig mixen. Alternativ die Zutaten in einen hohen Mixbecher geben und mit dem Stabmixer auf höchster Stufe cremig mixen.

■ In zwei Schalen füllen und mit gehackten Pistazien, Melonenstückchen, Aprikosenwürfeln und Leinsamen dekorativ belegen. Mit gehackter Minze und Minzblättern garnieren und die Buttermilch-Ricotta-Bowl genießen.

 Optional für Phase 2: Die frischen Aprikosen durch die gleiche Menge getrocknete Softaprikosen ersetzen (pro Person dann 548 kcal, EW 20 g, F 36 g, KH 28 g).

KAKAO-BOWL MIT KIRSCHEN

PIKANTE MASCARPONE-GURKEN-BOWL
(SIEHE SEITE 110)

KAKAO-BOWL MIT KIRSCHEN

Zubereitungszeit 6–7 Minuten

FÜR 2 PERSONEN

100 g Süßkirschen

200 g cremige Kokosmilch
aus der Dose

200 g stilles Mineralwasser

40 g Cashewkerne

10 g Chiasamen plus
1 TL Chiasamen
zum Garnieren

10 g Kakaopulver

10 g Kokosspäne
oder Kokosraspel

■ Von den Kirschen vier zum Garnieren beiseitelegen. Restliche Kirschen entsteinen.

■ Entsteinte Kirschen, Kokosmilch, Mineralwasser, 20 g Cashewkerne, Chiasamen und Kakao in den Standmixer oder Blender geben und glatt mixen. Alternativ die Zutaten in einen hohen Mixbecher geben und mit dem Stabmixer auf höchster Stufe glatt mixen.

■ Die Kakaomischung in zwei Schalen füllen. Restliche Cashewkerne, zusätzliche Chiasamen und Kokosspäne dekorativ darauf anrichten und mit den beiseitegelegten Kirschen garniert servieren.

+ Optional für Phase 2: Die frischen Kirschen durch 20 g getrocknete Kirschen ersetzen (pro Person dann 404 kcal, EW 9 g, F 32 g, KH 17 g).

GLUTENFREI VEGETARISCH EINFACH   PRO PERSON 395 KCAL, EW 34 G, F 27 G, KH 9 G

HERZHAFTE FELDSALAT-BOWL

Zubereitungszeit 12–14 Minuten

FÜR 2 PERSONEN

3 Eier (Größe M)

80 g Radieschen

60 g Feldsalat

300 g Hüttenkäse

60 g Meerrettichfrischkäse

2 EL Olivenöl

50 g kohlensäurehaltiges
   Mineralwasser,
   gut gekühlt

■ Wasser in einem Topf zum Kochen bringen. Eier hineingeben und 8 Minuten kochen. Abgießen, mit kaltem Wasser abschrecken, etwas abkühlen lassen, pellen, ein Ei vierteln und zwei Eier längs halbieren.

■ In der Zwischenzeit die Radieschen putzen, zwei davon in feine Spalten schneiden und beiseitelegen. Die restlichen Radieschen grob zerkleinern. Feldsalat waschen und trocken schleudern. Zwei Büschel zum Garnieren beiseitelegen.

■ Eiviertel, zerkleinerte Radieschen, restlichen Feldsalat, Hüttenkäse, Meerrettichfrischkäse, Olivenöl und Mineralwasser in den Standmixer oder Blender geben und auf höchster Stufe cremig mixen. Alternativ die Zutaten in einen hohen Mixbecher geben (den Feldsalat vorher grob hacken) und mit dem Stabmixer auf höchster Stufe cremig mixen.

■ Die Feldsalatmischung in zwei Schalen füllen, die Eierhälften darauflegen, mit beiseitegelegtem Feldsalat und Radieschenspalten garnieren und genießen.

☐+ Optional für Phase 2: Dazu passt eine Scheibe Proteinbrot pro Person (siehe Seite 150; pro Person dann 542 kcal, EW 43 g, F 35 g, KH 17 g).

HERZHAFTE FELDSALAT-BOWL

HERZHAFTE ROTE-BETE-BOWL
(SIEHE SEITE 111)

PRO PERSON 376 KCAL, EW 8 G, F 28 G, KH 21 G

PIKANTE MASCARPONE-GURKEN-BOWL Foto Seite 105

Zubereitungszeit 6–7 Minuten

FÜR 2 PERSONEN

220 g Salatgurke

150 g grüne Weintrauben

130 g Mascarpone

50 g Kichererbsen aus der Dose,
    abgetropft

1 frische grüne Chilischote,
    längs halbiert und entkernt

1 Knoblauchzehe

Meersalz

frisch gemahlener
    schwarzer Pfeffer

25 g würzig geröstete
    Kichererbsen (siehe Seite 104)
    zum Garnieren

■ Die Gurke waschen und in Scheiben schneiden. Einige Scheiben zum Garnieren beiseitelegen. Die Weintrauben waschen und von den Stielen zupfen. Einige Weintrauben zum Garnieren beiseitelegen.

■ Restliche Gurkenstücke und Weintrauben in den Standmixer oder Blender geben. Mascarpone, Kichererbsen, Chili, Knoblauch, Salz und Pfeffer zugeben und cremig mixen. Alternativ die Zutaten in einen hohen Mixbecher geben und mit dem Stabmixer auf höchster Stufe cremig mixen.

■ Die Mascarponemischung in zwei Schalen füllen. Beiseitegelegte Gurkenscheiben und Weintrauben dekorativ darauf anrichten, mit gerösteten Kichererbsen garnieren und genießen.

 Optional für Phase 2: Statt der Dosen-Kichererbsen 200 g gegarte TK-Erbsen dazugeben (pro Person dann 442 kcal, EW 13 g, F 27 g, KH 31 g)

HERZHAFTE ROTE-BETE-BOWL Foto Seite 109

Zubereitungszeit 10 Minuten

FÜR 2 PERSONEN

200 g Naturjoghurt
  (3,5 % Fett)

150 g Apfel,
  100 g davon grob
  zerkleinert, der Rest
  in feine Streifen
  geschnitten

160 g rohe Rote Bete,
  geschält und in grobe
  Stücke geschnitten

1 Knoblauchzehe

20 g Ingwerwurzel, geschält und
  in grobe Stücke geschnitten

10 Minimozzarellakugeln,
  4 davon halbiert

25 g Tahin (Sesammus)

½ TL gemahlener Kreuzkümmel

Salz

frisch gemahlener schwarzer
  Pfeffer

1 Scheibe Salatgurke, klein
  gewürfelt

1 TL weiße Sesamsaat

1 Stängel Petersilie,
  Blätter gehackt

▓ Joghurt mit grob zerkleinertem Apfel, Roter Bete, Knoblauch, Ingwer, sechs ganzen Mozzarellakugeln, Tahin, Kreuzkümmel, Salz und Pfeffer in den Standmixer oder Blender geben und cremig mixen. Alternativ die Zutaten in einen hohen Mixbecher geben und mit dem Stabmixer auf höchster Stufe cremig mixen.

▓ Die Joghurtmischung in zwei Schalen füllen, mit Apfelstreifen, halbierten Mozzarellakugeln, Gurkenwürfeln, Sesam und Petersilie dekorativ belegen und genießen.

+ Optional für Phase 2: Dazu eine Scheibe körniges Knäckebrot pro Person (siehe Seite 146; pro Person dann 478 kcal, EW 21 g, F 29 g, KH 30 g).

BROKKOLIRÖSCHEN MIT KALBSGESCHNETZELTEM

Zubereitungszeit 15 Minuten

FÜR 2 PERSONEN

250 g Kalbsschnitzel

20 g Butterschmalz

200 g Zwiebeln,
   in Streifen geschnitten

500–600 g Brokkoliröschen

Meersalz

frisch gemahlener
   schwarzer Pfeffer

100 g Crème fraîche

½ Bund Petersilie, gehackt

- Das Fleisch längs halbieren und in Streifen schneiden.
- Eine Pfanne auf mittlerer Stufe erhitzen. Das Butterschmalz darin heiß werden lassen. Die Fleischstreifen darin 2 Minuten anbraten, dann mit einem Schaumlöffel aus der Pfanne nehmen und in eine Schüssel geben.
- Die Zwiebeln in die Pfanne geben und bei mittlerer Hitze 4–5 Minuten braten, dabei gelegentlich umrühren.
- Inzwischen den Brokkoli mit 100 g Wasser, etwas Salz und Pfeffer in einen Topf geben, den Deckel aufsetzen und 5 Minuten kochen.
- Zwiebeln mit Salz und Pfeffer würzen und die Fleischstreifen samt ausgetretenem Fleischsaft zurück in die Pfanne geben. Die Crème fraîche zugeben und vermengen, dann die Petersilie einrühren.
- Zum Servieren die Brokkoliröschen abgießen und auf zwei Teller verteilen. Das Kalbsgeschnetzelte daneben anrichten und genießen.

+ Optional für Phase 2: 200 g geschälten Butternutkürbis in dünne Spalten schneiden, mit 2 EL Sonnenblumenöl und etwas Meersalz vermischen und auf ein mit Backpapier ausgelegtes Backblech geben. Im auf 200 °C Umluft vorgeheizten Backofen 35–40 Minuten backen und zum Gericht servieren (pro Person dann 463 kcal, EW 40 g, F 21 g, KH 24 g).

KOHLRABISTIFTE MIT BULETTEN

Zubereitungszeit 15–18 Minuten

FÜR 2 PERSONEN
Für die Buletten

100 g Kichererbsen
   aus der Dose,
   abgetropft

200 g Rinderhackfleisch

100 g Zwiebeln,
   fein gewürfelt

Meersalz

frisch gemahlener
   schwarzer Pfeffer

1 Msp. Chiliflocken

1 EL Erdnussöl
   zum Braten

Für das Gemüse

650 g Kohlrabi,
   in Stifte geschnitten

30 g Butter

Meersalz

frisch gemahlener
   schwarzer Pfeffer

½ Bund Petersilie,
   Blätter gehackt

■ Für die Buletten die Kichererbsen in einen hohen Mixbecher geben und mit dem Stabmixer glatt mixen. Das Kichererbsenmus in eine Schüssel füllen, Rinderhackfleisch und Zwiebeln dazugeben und vermengen. Mit Meersalz, Pfeffer und Chiliflocken würzen und aus der Masse vier oder sechs Buletten formen.

■ Eine Pfanne auf mittlerer Stufe erhitzen, das Erdnussöl darin heiß werden lassen. Die Buletten darin von beiden Seiten insgesamt 5–6 Minuten braten.

■ Inzwischen für das Gemüse die Kohlrabistifte mit 100 g Wasser in einen Topf geben. Butter, etwas Meersalz und Pfeffer zugeben, den Deckel aufsetzen, zum Kochen bringen und 4–5 Minuten garen. Den Deckel abnehmen und weitere 2 Minuten kochen. Zum Schluss die Petersilie dazugeben und einrühren.

■ Die fertig gebratenen Buletten auf zwei Teller verteilen, die Kohlrabistifte daneben anrichten und servieren.

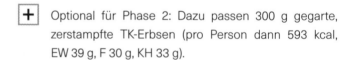 Optional für Phase 2: Dazu passen 300 g gegarte, zerstampfte TK-Erbsen (pro Person dann 593 kcal, EW 39 g, F 30 g, KH 33 g).

TIPP Das Kichererbsenmus gibt den Buletten eine wunderbare Konsistenz und verhindert, dass die Fleischmasse trocken wird.

DREI SUPPEN TO GO IM GLAS

LAKTOSEFREI   GLUTENFREI   VEGAN   EINFACH   PRO PERSON 111 KCAL, EW 5 G, F 1 G, KH 16 G

GRUNDREZEPT – WURZELGEMÜSE-SUPPENSTOCK

Zubereitungszeit 15 Minuten

ERGIBT 1 GROßES ODER 2 KLEINERE GLÄSER

200 g Karotten, in Stücke geschnitten

200 g Zwiebeln, geviertelt

150 g Knollensellerie, grob gewürfelt

150 g Lauch, in Stücke geschnitten

100 g Meersalz

■ Das Gemüse im elektrischen Zerhacker oder im Gemüse-schneider der Küchenmaschine mit der feinen Raspel-trommel zerkleinern. Das Meersalz zugeben, vermischen und 5 Minuten gut durchkneten.

■ In ein großes oder zwei kleinere Schraubgläser füllen und 5–7 Tage im Kühlschrank ziehen lassen.

Fortsetzung nächste Seite ▷

DREI SUPPEN TO GO IM GLAS

PRO P. 113 KCAL, EW 6 G, F 2 G, KH 14 G

PRO P. 223 KCAL, EW 15 G, F 1 G, KH 33 G

ITALIAN STYLE

60 g Karotten, geraspelt

60 g Zucchini, in dünne Stifte geschnitten

50 g Kichererbsen aus der Dose, abgetropft

15 g getrocknete Tomaten, in kleine Stücke geschnitten

1 EL gehackte Petersilie (nach Belieben)

1–2 TL Wurzelgemüse-Suppenstock (siehe Seite 117)

FRENCH STYLE

40 g Paprikaschote, entkernt und klein gewürfelt

40 g Kaiserschoten, in feine Streifen geschnitten

130 g gegarte Linsen aus der Dose, abgetropft

½ frische rote Chilischote, entkernt und klein gewürfelt

½ EL qualitativ hochwertiger Balsamico-Essig

1–2 TL Wurzelgemüse-Suppenstock (siehe Seite 117)

PRO P. 96 KCAL, EW 4 G, F 3 G, KH 12 G

ASIA STYLE

40 g Kaiserschoten, in dünne Streifen geschnitte

40 g Lauch, in feine Streifen geschnitten

40 g Shiitake-Pilze in dünne Scheiben geschnitten

½ frische rote Chilischote, entkernt und klein gewürfelt

5–8 Koriander- oder Petersilienblätter

3–4 Tropfen Sesamöl (nach Belieben)

1 EL Sojasauce

1–2 TL Wurzelgemüse-Suppenstock (siehe Seite 117)

Fortsetzung nächste Seite

Zubereitungszeit für alle Suppen 5–7 Minuten

**ERGIBT JEWEILS
1 STURZGLAS
(500 ml Inhalt)**

- Jeweils die Zutaten in ein Sturzglas (500 ml Inhalt) schichten, dabei zum Schluss den Suppenstock zugeben und gut verschließen.
- So vorbereitet und verschlossen lassen sich die Gläser im Kühlschrank 4–5 Tage aufbewahren. Anstelle von Sturzgläsern kann man auch große hitzebeständige Schraubgläser verwenden, die Öffnung sollte aber groß genug sein.
- Zum Genießen die Gläser einfach mit so viel kochend heißem Wasser aufgießen, dass der Inhalt bedeckt ist. Verschließen und 4–5 Minuten ziehen lassen.
- Die Gläser öffnen, den Inhalt durchrühren und genießen.

+ Optional für Phase 2: Dazu passt eine Scheibe geröstetes Wurzelbrot (siehe Seite 155; pro Person dann Italian Style: 220 kcal, EW 9 g, F 9 g, KH 21 g, French Style: 330 kcal, EW 18 g, F 10 g, KH 40 g, Asia Style: 203 kcal, EW 7 g, F 12 g, KH 19 g).

LAKTOSEFREI GLUTENFREI EINFACH PERSON   PRO PERSON 105 KCAL, EW 0 G, F 11 G, KH 0 G

KLASSISCHE VINAIGRETTE

Zubereitungszeit 3–5 Minuten

ERGIBT 2 GLÄSER
(à 7 Portionen)

50 g Dijon-Senf (alternativ körniger Senf)

90 g milder Weißwein-
 oder Rotweinessig

10 g Meersalz

120 g Hühnerbrühe

150 g Sonnenblumenöl

- Den Senf mit Essig und Salz in den Standmixer oder Blender geben und durchmixen. Dann die Hühnerbrühe zugeben und mixen. Zum Schluss das Sonnenblumenöl in feinem Strahl zugießen und auf höchster Stufe mixen. Alternativ einen Stabmixer verwenden.
- Die Vinaigrette in zwei Gläser füllen und gut verschließen. Sie hält sich im Kühlschrank 2–3 Wochen.

LAKTOSEFREI GLUTENFREI VEGAN EINFACH   PRO PERSON 105 KCAL, EW 0 G, F 11 G, KH 0 G

KLASSISCHE VINAIGRETTE – VEGGIE

Zubereitungszeit 3–5 Minuten

ERGIBT 2 GLÄSER
(à 7 Portionen)

50 g Dijon-Senf (alternativ körniger Senf)

90 g milder Weißwein-
 oder Rotweinessig

10 g Meersalz

120 g Gemüsebrühe

150 g Sonnenblumenöl

- Den Senf mit Essig und Salz in den Standmixer oder Blender geben und durchmixen. Die Gemüsebrühe dazugeben und mixen. Zum Schluss das Sonnenblumenöl in feinem Strahl zugießen und auf höchster Stufe mixen. Alternativ einen Stabmixer verwenden.
- Die Vinaigrette in zwei Gläser füllen und gut verschließen. Sie hält sich im Kühlschrank 2–3 Wochen.

+ Optional für Phase 2 bei beiden Rezepten: Die Vinaigrette mit einem Schuss Ahornsirup verfeinern (pro Person dann bei der klassischen Vinaigrette 107 kcal, EW 0 g, F 11 g, KH 1 g, bei der Veggie-Variante 107 kcal, EW 0 g, F 11 g, KH 1 g).

TIPP Man kann das Sonnenblumenöl auch durch gutes Olivenöl ersetzen, aber Vorsicht, die Vinaigrette kann dann schnell ein wenig bitter schmecken.

KLASSISCHE VINAIGRETTE

KLASSISCHE VINAIGRETTE – VEGGIE

Ausführliche Infos
Seite 179

REZEPTE
Phase 2

AMARANTH-QUARK-SCHALE MIT FRÜCHTEN

Zubereitungszeit 8–10 Minuten

FÜR 4 PERSONEN

70 g Amaranthflocken
(alternativ Quinoa-
oder Hirseflocken)

150 g kohlensäurehaltiges
Mineralwasser

1 Orange

200 g Magerquark

1 vollreife Banane

2 EL Ölmischung aus
omegageschützt
hergestelltem Biolein-
und -weizenkeimöl
(optional mit DHA- und
Vitamin-D_3-Zusatz)

50 g Mandelkerne, gehackt

70 g gemischte Früchte
(z. B. Blaubeeren, Himbeeren,
Brombeeren, Kiwi,
Granatapfelkerne)

1 TL Kürbiskerne

½ TL Leinsamen

▪ Die Amaranthflocken in eine Schüssel geben, 120 g Mineralwasser einrühren, abdecken und am besten über Nacht quellen lassen.

▪ Die Orange dick abschälen, sodass auch die weiße Haut entfernt wird, dabei über einer Schüssel arbeiten, um den Saft aufzufangen. Die Frucht quer in Scheiben schneiden.

▪ Quark, Banane und restliches Mineralwasser in einen hohen Mixbecher geben und mit dem Stabmixer glatt mixen. In eine Schüssel geben, Ölmischung, Mandeln und gequollenen Amaranth dazugeben und alles gut vermengen.

▪ Die Quarkmischung auf vier Schalen oder tiefe Teller verteilen. Orangenscheiben und gemischte Früchte darauf anrichten und mit dem aufgefangenen Orangensaft beträufeln. Kürbiskerne und Leinsamen darüberstreuen und die Amaranth-Quark-Schale genießen.

HAFERFLOCKEN-NUSS-POWER

Zubereitungszeit 10–12 Minuten (plus 8–12 Stunden Ruhezeit)

FÜR 4 PERSONEN

25 g Mandelkerne, gehackt

90 g zarte glutenfreie
 Haferflocken

20 g Walnusskerne, gehackt

20 g Kürbiskerne, gehackt

10 g Leinsamen

20 g getrocknete Softaprikosen,
 klein gewürfelt

20 g entsteinte Datteln,
 fein gewürfelt

500 g Milch (3,5 % Fett)

150 g Apfel

50 g gemischte Früchte
 (z. B. Himbeeren, Brombeeren,
 Weintrauben und Physalis)

½ EL gehackte Cashewkerne

■ Von den gehackten Mandelkernen 5 g beiseitelegen. Die restlichen Mandeln mit Haferflocken, Walnüssen, Kürbiskernen, Leinsamen, Aprikosen und Datteln in eine Schüssel geben. Die Milch zugießen, gut vermengen, abdecken und 8–12 Stunden im Kühlschrank durchziehen lassen.

■ Nach der Ruhezeit den Apfel waschen, entkernen und fein reiben. Zur Haferflockenmischung geben und vermengen.

■ Die Mischung auf vier Schalen oder tiefe Teller verteilen. Die Früchte dekorativ darauf anrichten, mit gehackten Cashewkernen und beiseitegelegten Mandeln bestreuen und die Haferflocken-Nuss-Power genießen.

HAFERFLOCKEN-NUSS-POWER

**MARINIERTE ERDBEEREN MIT
JOGHURT UND CASHEWKERNEN
(SIEHE SEITE 133)**

PRO PERSON 548 KCAL, EW 50 G, F 9 G, KH 61 G

KALBSRAGOUT MIT ZITRONE, SCHWARZEN OLIVEN UND HIRSE

Zubereitungszeit 25–30 Minuten (plus 50–55 Minuten Garzeit)

Für das Ragout

750 g Kalbfleisch
(am besten Kalbstafelspitz)

Meersalz

1–2 EL Ras el-Hanout

1 TL gemahlene Kurkuma

2 EL Olivenöl

2 EL Erdnussöl

100 g Zwiebeln, in Scheiben
geschnitten

500 g Mairübchen,
Blattwerk bis auf 2 cm
abgeschnitten, Rübchen
halbiert

250 g (Kenia-)Bohnen, in 2–3 cm
lange Stücke geschnitten

1 Biozitrone, in 6 Spalten
geschnitten

40–50 g entsteinte
schwarze Oliven

½ Bund Koriander, Blätter
abgezupft,
zum Garnieren

Für die Hirse

300 g Hirse

Meersalz

- Für das Ragout das Kalbfleisch in walnussgroße Stücke schneiden und in eine Schüssel geben. Meersalz, Ras el-Hanout, Kurkuma und Olivenöl darübergeben, vermengen und 15 Minuten marinieren.

- In der Zwischenzeit einen gusseisernen Topf (Ø etwa 33 cm) bei mittlerer Hitze gut vorheizen. Auf höchste Hitze stellen, das Erdnussöl hineingeben und kurz heiß werden lassen. Das Fleisch zugeben und unter gelegentlichem Rühren 5–6 Minuten anbraten. Die Zwiebeln hinzufügen und 2 Minuten mitgaren. Dann 750 g Wasser zugießen, aufkochen, den Deckel aufsetzen und bei mittlerer Hitze 40 Minuten köcheln lassen, dabei zwischendurch umrühren.

- Nach der Garzeit die Mairübchen hineingeben und 8 Minuten mitgaren. Bohnen, Zitronenspalten und Oliven zugeben und abgedeckt weitere 3–5 Minuten köcheln lassen. Dann gut durchrühren und eventuell mit Salz nachwürzen.

- Etwa 20 Minuten vor Ende der Ragoutgarzeit für die Hirse 600 g Wasser in einen Topf füllen und die Hirse mit etwas Meersalz zugeben. Zum Kochen bringen und 4–5 Minuten kochen. Dann den Herd abschalten, den Deckel aufsetzen und 15 Minuten quellen lassen.

- Die Hirse durchrühren und auf vier Teller verteilen. Kalbsragout daneben anrichten, mit dem Koriander garnieren und servieren.

URKOHL MIT CHAMPIGNONFÜLLUNG

Zubereitungszeit 30–35 Minuten plus 30–40 Minuten Garzeit

FÜR 4 PERSONEN
Für die Rouladen

Pflanzenöl zum Einfetten

Meersalz

1 Urkohl (flacher Weißkohl)

2 EL Sonnenblumenöl
   zum Braten

150 g Zwiebeln,
   fein gewürfelt

2 Knoblauchzehen, halbiert,
   grüner Keimling entfernt
   und Zehen fein gehackt

450 g Champignons,
   geviertelt

1 TL getrocknete Kräuter
   der Provence

frisch gemahlener
   schwarzer Pfeffer

1 Prise Muskatnuss

40 g glutenfreie Haferflocken

50 g Haselnuss- oder
   Walnussmehl

50 g Mandelmehl

1 Ei (Größe L)

8 Butterflöckchen
   (insg. 10–15 g)

Rucola zum Garnieren

■ Für die Rouladen den Backofen auf 180 °C Umluft vorheizen. Eine Auflaufform (groß genug für acht Rouladen) leicht mit Pflanzenöl ausstreichen.

■ Einen sehr großen Topf zu zwei Dritteln mit Wasser füllen, 1 EL Salz zugeben und zum Kochen bringen. Eine Schüssel mit Eiswasser bereithalten.

■ Den Strunk vollständig keilförmig aus dem Kohl herausschneiden und den Kohl in das kochende Wasser geben. Nach und nach mit zwei Esslöffeln acht einzelne Blätter vom Kohl lösen. Herausnehmen und in das eiskalte Wasser geben. (Den restlichen Kohl aus dem Kochwasser nehmen und anderweitig verwenden.)

■ Die Kohlblätter in ein Sieb abgießen und gut abtropfen lassen. Die dicken Blattrippen etwas flacher schneiden, dann die Blätter auf Küchentücher legen und leicht ausdrücken.

■ Das Sonnenblumenöl in einer großen Pfanne auf mittlerer Stufe erhitzen. Zwiebeln und Knoblauch hineingeben und 2–3 Minuten unter gelegentlichem Rühren anbraten.

■ Inzwischen die Champignons im elektrischen Zerhacker klein hacken. Zur Zwiebelmischung in die Pfanne geben, die Kräuter zufügen, vermengen und 3–4 Minuten garen. Mit Salz, Pfeffer und Muskatnuss würzen und die Pilzmasse in eine Schüssel geben.

■ Haferflocken und beide Nussmehle zugeben und in die Pilzmasse rühren, dann das Ei einarbeiten. Die Füllung gleichmäßig auf die Kohlblätter verteilen, die Seiten einschlagen, aufrollen und mit der Nahtseite nach unten in die vorbereitete Auflaufform setzen. Jeweils ein Butterflöckchen auf die Rouladen setzen, etwas Wasser in die Form gießen und im vorgeheizten Ofen 20–25 Minuten backen.

Fortsetzung nächste Seite ▷

▷ **URKOHL MIT CHAMPIGNONFÜLLUNG**

Für die Sauce

200 g Seidentofu

20 g Rucola, grob gehackt

Saft von 1 Limette

2 EL kohlensäurehaltiges
    Mineralwasser

Meersalz

frisch gemahlener
    schwarzer Pfeffer

■ Kurz vor Ende der Garzeit für die Sauce Tofu, Rucola, Limettensaft und Mineralwasser in einen hohen Mixbecher geben und mit dem Stabmixer glatt mixen. Mit Salz und Pfeffer abschmecken.

■ Die Auflaufform aus dem Ofen nehmen. Je zwei Urkohlrouladen auf einen Teller setzen, jeweils einen Löffel Tofu-Rucola-Sauce zugeben, mit Rucola garnieren und servieren.

TIPP Die Kohlrouladen schmecken auch am nächsten Tag wunderbar. Also ruhig auch für zwei Personen das ganze Rezept zubereiten und am nächsten Tag noch mal genießen.

MARINIERTE ERDBEEREN MIT JOGHURT UND CASHEWKERNEN Foto Seite 127

Zubereitungszeit 5 Minuten (plus 15–20 Minuten Marinierzeit)

FÜR 2 PERSONEN

250 g Erdbeeren

12–15 g Birkenzucker (Xylit)

200 g Naturjoghurt
(3,5 % Fett)

2 EL Leinöl oder Ölmischung
aus omegageschützt
hergestelltem Biolein- und
-weizenkeimöl (optional mit
DHA- und Vitamin-D$_3$-Zusatz)

40 g Cashewkerne

1 TL Leinsamen

Minzblätter zum Dekorieren

▪ Die Erdbeeren waschen und entstielen, größere Früchte halbieren oder vierteln und in eine Schüssel geben. Den Birkenzucker darüberstreuen, vermengen und die Erdbeeren 15–20 Minuten ziehen lassen.

▪ Den Joghurt in eine Schüssel geben und das Leinöl einrühren.

▪ Die Joghurtmischung in zwei Schalen füllen und die Erdbeeren darübergeben. Mit Cashewkernen und Leinsamen bestreuen, mit Minze dekorieren und genießen.

GLUTENFREI   PRO PERSON 198 KCAL, EW 9 G, F 11 G, KH 15 G

ERBSENCREME MIT BOHNEN-ERBSEN-SALAT

Zubereitungszeit 35–40 Minuten (plus mindestens 6 Stunden Kühlzeit)

FÜR 4 PERSONEN

Für die Creme

Meersalz

300 g TK-Erbsen

3 Blatt Gelatine,
   10 Minuten in kaltem
   Wasser eingeweicht
   (alternativ Agar-Agar)

2 EL kohlensäurehaltiges
   Mineralwasser

250 g Ricotta
   (40 % Fett i. Tr.)

1 Msp. Chiliflocken

Für den Salat

Meersalz

100 g TK-Dicke-Bohnen

100 g TK-Erbsen

100 g breite Gartenbohnen,
   schräg in dünne Streifen
   geschnitten

- Für die Creme vier hohe Speiseringe (⌀ 7–8 cm) mit doppelt gelegter Frischhaltefolie abdecken, diese mit Gummiringen befestigen, umdrehen und auf ein kleines Blech setzen.

- Leicht gesalzenes Wasser in einem Topf zum Kochen bringen und eine Schüssel mit Eiswasser bereithalten. Die Erbsen im kochenden Wasser 2 Minuten garen. In ein Sieb abgießen und 2 Minuten ins Eiswasser geben. Abgießen und abtropfen lassen.

- 50 g Wasser in einem kleinen Topf aufkochen und vom Herd nehmen. Die eingeweichte Gelatine ausdrücken und in das heiße, aber nicht mehr kochende Wasser einrühren (Gelatine kann durch Agar-Agar ersetzt werden).

- Die Erbsen mit Mineralwasser und Ricotta im Standmixer oder Blender 2 Minuten glatt mixen, dann mit Salz und Chiliflocken würzen. Auf niedrigste Stufe stellen, die Gelatineflüssigkeit zugießen und 20–30 Sekunden mixen. Alternativ den Stabmixer verwenden. Erbsenmasse sofort in die vorbereiteten Speiseringe füllen und mindestens 6 Stunden kalt stellen.

- Für den Salat 30–40 Minuten vor dem Servieren leicht gesalzenes Wasser in einem Topf zum Kochen bringen und zwei Schüsseln mit Eiswasser bereithalten. Die Dicken Bohnen im kochenden Wasser 1 Minute blanchieren. Mit einer Schaumkelle herausheben und 1 Minute ins Eiswasser geben. Abgießen und die Dicken Bohnen aus den Häuten drücken.

Fortsetzung nächste Seite

> **ERBSENCREME MIT BOHNEN-ERBSEN-SALAT**

Für die Vinaigrette

50 g Schalotte, sehr fein
  gewürfelt

3 EL heller Balsamico-Essig

1 TL Ahornsirup

2 EL Olivenöl

½ TL grob zerdrückte rosa
  Pfefferbeeren

Kerbel zum Garnieren

■ Dann Erbsen und Bohnenstreifen 1 Minute im kochenden
Wasser blanchieren, in ein Sieb abgießen und 1–2 Minuten in die zweite Eiswasserschüssel geben. Abgießen und
abtropfen lassen.

■ Für die Vinaigrette Schalotten, Essig, Sirup und Olivenöl in
einer Schüssel gut verrühren. Erbsen, Bohnenstreifen und
Dicke Bohnen zugeben und vermengen.

■ Zum Servieren die Speiseringe auf vier Teller setzen, die
Gummiringe abnehmen und die Folie unten wegziehen.
Mit einem scharfen Messer am Innenrand der Ringe ent-
langfahren. Bohnen-Erbsen-Salat auf die Erbsencreme geben, den rosa Pfeffer darüberstreuen, mit Kerbel garnieren
und dann erst die Ringe abziehen.

SALAT MIT FRISCHKÄSEBÄLLCHEN IM GRÜNEN MANTEL Foto Seite 144

Zubereitungszeit 10 Minuten (plus 20 Minuten Kühlzeit)

FÜR 2 PERSONEN

Für die Bällchen

250 g Doppelrahm-Frischkäse
　mit Kräutern

60 g Cashewkerne

1 Bund glatte Petersilie (30 g)

Für den Salat

250 g Fenchelknolle, in dünne
　Scheiben gehobelt

120–150 g roter Chicorée,
　Blätter abgetrennt

100 g gemischte grüne
　Salatblätter oder
　Wildkräutersalatblätter

Für die Vinaigrette

40 g Zitronensaft

1 EL Ahornsirup

2 EL Olivenöl

Meersalz

frisch gemahlener schwarzer
　Pfeffer

- Für die Bällchen aus dem Frischkäse mit angefeuchteten Händen sechs gleich große Kugeln formen.
- Die Cashewkerne mit der Petersilie im elektrischen Zerhacker zu einer feinkrümeligen Masse mixen und in einen tiefen Teller geben. Alternativ von Hand fein hacken.
- Die Frischkäsebällchen in der Masse wälzen und in den Handflächen nachformen. Auf einen flachen Teller setzen und 20 Minuten kalt stellen.
- Inzwischen für den Salat Fenchel, Chicorée und Salat in eine Schüssel geben.
- Für die Vinaigrette Zitronensaft, Ahornsirup und Olivenöl in eine Schale geben, mit Salz und Pfeffer würzen und gut vermischen. Die Vinaigrette über den Salat träufeln und vermengen.
- Den Salat auf zwei Teller verteilen. Die Frischkäsebällchen im grünen Mantel darauf anrichten und genießen.

GLUTENFREI VEGETARISCH   PRO PERSON 465 KCAL, EW 19 G, F 36 G, KH 13 G

GEMÜSENUDELN MIT POCHIERTEM EI UND SENFSAUCE

Zubereitungszeit 15 Minuten

FÜR 2 PERSONEN
Für das Gemüse

150 g Karotten, geputzt

250 g Staudensellerie
(am besten äußere dicke
Stangen), geputzt

Meersalz

2 EL Olivenöl zum Braten

60 g rote Paprikaschote,
Haut mit einem Sparschäler
dünn geschält, Fruchtfleisch
fein gewürfelt

frische Kräuter nach Wahl
zum Garnieren

Für die Sauce

125 g Sahne oder
Crème fraîche

1 EL Honigsenf

Meersalz

frisch gemahlener
schwarzer Pfeffer

Für die Eier

1 EL Essig

4 Eier (Größe L)

■ Für das Gemüse Karotten und Selleriestangen mit einem Sparschäler in dünne, lange Streifen schneiden.

■ Leicht gesalzenes Wasser in einem Topf zum Kochen bringen und eine Schüssel mit Eiswasser bereithalten. Die Gemüsestreifen im kochenden Salzwasser 1 Minute blanchieren. Dann in ein Sieb abgießen und 2 Minuten ins Eiswasser geben. Wieder abgießen und gut abtropfen lassen.

■ Für die Sauce die Sahne mit Senf und etwas Salz und Pfeffer in einen Topf geben und aufkochen – fertig! Vom Herd nehmen.

■ Für die Eier Wasser in einen flachen, breiten Topf füllen, den Essig zugießen und zum Kochen bringen. Auf niedrige Hitze stellen und die Eier einzeln in Schälchen oder Tassen aufschlagen. Durch Rühren einen leichten Wirbel im kochenden Wasser erzeugen, die Eier nacheinander hineingeben und 3–4 Minuten ziehen lassen. Mit einer Schaumkelle herausnehmen und auf einem mit Küchenpapier ausgelegten Teller abtropfen lassen.

■ Parallel zur Eiergarzeit das Olivenöl in eine kalte Pfanne geben und auf mittlerer Stufe erhitzen. Die Gemüsestreifen zugeben, mit zwei Gabeln vermengen und 1–2 Minuten garen, dabei ein- bis zweimal wenden.

■ Die Gemüsenudeln auf zwei Teller verteilen und die pochierten Eier darauf anrichten. Das Gericht mit der Senfsauce beträufeln, die Paprikawürfel darüberstreuen und mit Kräutern garniert servieren.

LAKTOSEFREI GLUTENFREI VEGAN   PRO PERSON 468 KCAL, EW 27 G, F 15 G, KH 41 G

SPARGEL MIT BOHNENSALAT

Zubereitungszeit 18–20 Minuten

FÜR 2 PERSONEN

Für den Spargel

1 kg dicker weißer Spargel
   (etwa 10 Stangen)

Meersalz

Für den Salat

Meersalz

180 g breite Gartenbohnen,
   schräg in kleine
   Stücke geschnitten

3–4 EL Apfelessig

50 g Schalotten,
   fein gewürfelt

3 Frühlingszwiebeln,
   in dünne Scheiben
   geschnitten

1 EL Ahornsirup

frisch gemahlener
   schwarzer Pfeffer

35 g Kürbiskernöl

1 Dose Kidneybohnen
   (290 g Abtropfgewicht)

1 kleines Glas Kapern
   (40 g Abtropfgewicht),
   abgetropft

½ Bund gemischte Kräuter
   nach Wahl, gehackt

- Den Spargel schälen und in eine große tiefe Pfanne oder einen breiten Topf geben. 120 g Wasser angießen und leicht salzen. Den Deckel aufsetzen, zum Kochen bringen und 6–7 Minuten kochen.

- Parallel dazu für den Salat leicht gesalzenes Wasser in einem Topf zum Kochen bringen und eine Schüssel mit Eiswasser bereithalten. Die Bohnen in das kochende Wasser geben und 3–4 Minuten kochen. In ein Sieb abgießen und 2 Minuten ins Eiswasser geben. Wieder abgießen und gut abtropfen lassen.

- Essig, Schalotten und Frühlingszwiebeln in eine Schüssel geben und verrühren. Ahornsirup, Salz und Pfeffer zugeben und vermengen, dann das Kürbiskernöl einrühren. Blanchierte Bohnen, Kidneybohnen, Kapern und Kräuter hinzufügen und alles gut durchrühren, eventuell nachsalzen.

- Den Spargel aus dem Wasser heben und auf zwei Teller verteilen. Den Bohnensalat darauf anrichten und genießen.

REZEPTE

GLUTENFREI VEGETARISCH

PRO PERSON 338 KCAL, EW 19 G, F 19 G, KH 17 G

AUBERGINENPIZZA MIT SPINATSALAT

Zubereitungszeit 15 Minuten (plus 20 Minuten Marinierzeit und 35 Minuten Backzeit)

FÜR 2 PERSONEN
Für die Pizzen

1 große runde Aubergine
(etwa 500 g; alternativ 1 große
längliche Aubergine)

Meersalz

2 EL Olivenöl

½ Dose Filetti-Tomaten
(200 g; alternativ gewürfelte
Tomaten aus der Dose)

½ EL getrocknete
italienische Kräuter

8 g gepuffte Quinoa
oder gepuffter Amaranth

15 g Parmesan, gerieben

frisch gemahlener
schwarzer Pfeffer

1 Prise Chiliflocken

80 g Tomatenmark

Für den Salat

50–60 g Babyspinat

70 g Parmesan,
gehobelt

1 EL milder Weißweinessig

½ EL Olivenöl

Meersalz

frisch gemahlener
schwarzer Pfeffer

- Den Backofen auf 220 °C Umluft vorheizen. Ein Backblech mit Backpapier auslegen.
- Für die Pizzen die runde Aubergine putzen und quer in vier etwa 2,5 cm dicke Scheiben schneiden (längliche Aubergine schräg in dicke Scheiben schneiden). Scheiben von beiden Seiten leicht salzen und 20 Minuten ziehen lassen. Restliche Auberginenabschnitte in kleine Würfel schneiden und beiseitestellen.
- Auberginenscheiben mit Küchenpapier abtupfen, jede Scheibe von beiden Seiten mit ½ EL Olivenöl bestreichen, auf das vorbereitete Backblech legen und im vorgeheizten Ofen 22 Minuten backen.
- Inzwischen für den Belag die Auberginenwürfel mit Tomaten, Kräutern, Quinoa und geriebenem Parmesan in eine Schüssel geben, vermengen und mit Salz, Pfeffer und Chiliflocken würzen.
- Backblech aus dem Ofen nehmen und je 1 EL Tomatenmark auf die Auberginenscheiben streichen. Die Tomatenmasse darauf verteilen, zurück in den Ofen geben und weitere 13 Minuten backen.
- In der Zwischenzeit für den Salat den Spinat waschen und trocken schleudern. In eine Schüssel geben, Parmesan, Essig, Olivenöl und etwas Salz und Pfeffer zufügen und vermengen.
- Das Backblech aus dem Ofen nehmen und die Auberginenpizzen auf zwei Teller verteilen. Den Spinatsalat darauf anrichten und sofort servieren.

142

RADIESCHENGRÜN-JOGHURT-
SUPPE

SALAT MIT FRISCHKÄSEBÄLLCHEN
IM GRÜNEN MANTEL
(SIEHE SEITE 137)

GLUTENFREI VEGETARISCH EINFACH   PRO PERSON 177 KCAL, EW 7 G, F 11 G, KH 11 G

RADIESCHENGRÜN-JOGHURT-SUPPE

Zubereitungszeit 15 Minuten

FÜR 2 PERSONEN

200 g Radieschen (1 Bund)

1–2 EL heller Balsamico-Essig

½ EL Ahornsirup

Meersalz

frisch gemahlener
    schwarzer Pfeffer

1 EL Olivenöl

300 g Naturjoghurt
    (3,5 % Fett)

1 Knoblauchzehe

Sprossen nach Wahl
    zum Garnieren

▨ Die Radieschen vom Grün abtrennen, abspülen, in kaltes Wasser legen und 2 Minuten ruhen lassen. Das Radieschengrün waschen.

▨ Essig, Ahornsirup, etwas Salz und Pfeffer in einer Schüssel vermischen und das Olivenöl einrühren.

▨ Die Radieschen abgießen, in dünne Scheiben schneiden, zur Vinaigrette in die Schüssel geben und verrühren. Beiseitestellen.

▨ Leicht gesalzenes Wasser in einem Topf zum Kochen bringen und eine Schüssel mit Eiswasser bereithalten. Die Radieschenblätter im kochenden Wasser nur kurz blanchieren, abgießen und 1 Minute ins Eiswasser geben. Abgießen und etwas abtropfen lassen.

▨ Radieschengrün, Joghurt und Knoblauch mit etwas Salz und Pfeffer in den Standmixer oder Blender geben und 1–2 Minuten cremig mixen. Alternativ den Stabmixer verwenden.

▨ Die Suppe in zwei Schalen oder tiefe Teller füllen, mit Sprossen garnieren und mit dem Radieschensalat servieren.

KÖRNIGES KNÄCKEBROT

Zubereitungszeit 10 Minuten (plus 15 Minuten Ruhezeit und 80–90 Minuten Backzeit)

ERGIBT ETWA 24 STÜCK

60 g Buchweizenmehl

70 g Sonnenblumenkerne

50 g grobe Haferflocken

40 g Hafer- oder Dinkelkleie

25 g Leinsamen

25 g ungeschälte weiße Sesamsaat

20 g Mohnsaat plus 2 EL Mohnsaat zum Bestreuen

1 TL getrocknete Kräuter der Provence

½ TL gemahlener Kreuzkümmel

½ TL gemahlener Zimt

2 ½ EL Olivenöl plus etwas Olivenöl zum Bestreichen

4–5 g Meersalz

■ Alle Zutaten in die Rührschüssel der Küchenmaschine geben, 220 g kochend heißes Wasser zugießen, mit dem Flachrührer 1–2 Minuten auf Stufe 2–4 gut vermengen und 15 Minuten ruhen lassen.

■ Inzwischen den Backofen auf 160 °C Umluft vorheizen. Zwei Bögen Backpapier in der Größe des Backblechs mit etwas Olivenöl bestreichen.

■ Den Teig auf einen geölten Bogen Backpapier geben, den zweiten Backpapierbogen mit der geölten Seite nach unten daraufsetzen und die Teigmasse mit dem Nudelholz und einem Kantenroller dünn ausrollen, dabei das Backpapier zwischendurch abziehen und erneut auflegen.

■ Den ausgerollten Teig mit dem Backpapier auf ein Backblech ziehen und das obere Backpapier abnehmen. Den Teig ganz leicht mit etwas Wasser bestreichen, mit dem zusätzlichen Mohn bestreuen und im vorgeheizten Ofen 30 Minuten backen.

■ Herausnehmen und die Ofentemperatur auf 60 °C reduzieren. Das Backpapier mit der Knäckebrotmasse vom Blech ziehen und diese mit einem großen Messer in etwa 24 Stücke schneiden, aber nicht auseinandernehmen. Dann mit dem Backpapier wieder zurück auf das Blech ziehen, in den Ofen schieben und 40 Minuten trocknen lassen.

■ Aus dem Ofen nehmen, die Stücke auseinanderbrechen, die Knäckebrote locker auf dem Backblech verteilen und weitere 10–20 Minuten trocknen lassen – sie müssen vollständig durchgetrocknet sein.

■ Herausnehmen und die Knäckebrote auf einem Kuchengitter auskühlen lassen. Zum Aufbewahren in eine luftdicht schließende Dose füllen. So hält es sich etwa 3–4 Wochen.

TIPP Dieses Knäckebrot schmeckt besonders gut zur Steckrübensuppe (Seite 24), zu den Eiern mit Gurke und Ricottacreme (Seite 79) oder zur herzhaften Rote-Bete-Bowl (Seite 111). Als Belag passen würzige Cashewcreme (Seite 152) oder Lachscreme-Brotaufstrich (Seite 153) fantastisch.

PRO PERSON 118 KCAL, EW 4 G, F 8 G, KH 5 G

KNUSPERKÖRNERRIEGEL

Zubereitungszeit 12 Minuten (plus 24 Stunden Ruhezeit und 45–50 Minuten Backzeit)

70 g natives Kokosöl

150 g 5- oder 6-Kornflocken

140 g Sonnenblumenkerne

90 g Leinsamen

40 g Kürbiskerne

40 g gemahlene
Flohsamenschalen

30 g Cashewkerne

9 g Fleur de Sel oder
ein anderes Meersalz

1 EL Ahornsirup

- Ein kleines Backblech (25 × 38 cm) mit Backpapier auslegen.

- Das Kokosöl in einem kleinen Topf leicht erwärmen, bis es geschmolzen ist. Dann alle restlichen Zutaten in die Rührschüssel der Küchenmaschine geben, 350 g kochend heißes Wasser zugießen und mit dem Flachrührer auf niedriger Stufe 3–4 Minuten vermengen.

- Die Masse mit einem Silikonschaber gleichmäßig auf das vorbereitete Backblech streichen und mindestens 24 Stunden im Kühlschrank kalt stellen (länger ist kein Problem).

- Den Backofen auf 180 °C Umluft vorheizen. Ein Backblech mit Backpapier auslegen. Das kleine Backblech aus dem Kühlschrank nehmen, das Backpapier mit der Körnermasse auf ein Schneidebrett ziehen und in 24 oder nach Belieben mehr Stücke schneiden. Die Stücke nebeneinander auf das vorbereitete Backblech setzen und im vorgeheizten Ofen 45–50 Minuten knusprig backen.

- Aus dem Ofen nehmen, die Knusperkörnerriegel auf ein Kuchengitter setzen und 10–15 Minuten auskühlen lassen. Dann genießen oder in eine luftdicht verschließbare Vorratsdose füllen. Sie halten sich bis zu 1 Woche.

TIPP Diese Knusperkörnerriegel sind ideal für einen Notfallsnack zwischendurch. Sie lassen sich natürlich prima einpacken.

PROTEINBROT

Zubereitungszeit 10 Minuten (plus 50 Minuten Backzeit)

FÜR 1 BROT

zerlassene Butter
  zum Einfetten

2 EL zarte Haferflocken
  zum Ausstreuen

250 g Magerquark

3 Eier (Größe L)

7 g Salz

½ Pck. Backpulver (7,5 g)

125 g Haferkleie

25 g Dinkelkleie
  (alternativ Haferkleie)

50 g Kürbiskerne

50 g Sonnenblumenkerne

50 g Leinsamen

50 g Walnusskerne

■ Den Backofen auf 180 °C Umluft vorheizen. Eine Kastenform (25 cm Länge) mit Butter ausstreichen und mit Haferflocken ausstreuen.

■ Alle restlichen Zutaten in die Rührschüssel der Küchenmaschine geben und mit dem Flachrührer auf mittlerer
Stufe so lange vermengen, bis sich alle Zutaten gut miteinander verbunden haben, das dauert 1–2 Minuten.

■ Den Teig in die vorbereitete Form geben, glatt streichen
und in den vorgeheizten Ofen stellen. Die Ofentemperatur auf 160 °C Umluft reduzieren und das Brot 50 Minuten
backen.

■ Das Proteinbrot aus dem Ofen nehmen und in der Form
20 Minuten abkühlen lassen. Dann auf ein Kuchengitter
stürzen, wenden und vollständig auskühlen lassen. Ein
ideales Brot für den Tag und vor allem für den Abend.

PROTEINBROT

**WÜRZIGE CASHEWCREME
(SIEHE SEITE 152)**

LAKTOSEFREI GLUTENFREI VEGAN EINFACH   PRO PERSON 175 KCAL, EW 7 G, F 12 G, KH 9 G

WÜRZIGE CASHEWCREME

Zubereitungszeit 5 Minuten (plus 2 Stunden Einweichzeit)

ERGIBT ETWA 280 G

170 g Cashewkerne

Saft und abgeriebene Schale
  von ½ Biozitrone

15 g Hefeflocken

1 Knoblauchzehe,
  grob gehackt

100 g kohlensäurehaltiges
  Mineralwasser, gut gekühlt

Meersalz

frisch gemahlener
  schwarzer Pfeffer

■ Die Cashewkerne in eine Schüssel geben, mit kaltem Wasser bedecken und 2 Stunden einweichen. In ein Sieb abgießen, unter fließendem kaltem Wasser abspülen und abtropfen lassen.

■ Cashewkerne, Zitronensaft und -schale, Hefeflocken, Knoblauch und Mineralwasser in den Food-Processor geben und zu einer feinen Creme mixen. Alternativ den Stabmixer oder Standmixer verwenden. Cashewcreme mit Salz und Pfeffer abschmecken und in ein Einmach- oder Schraubglas füllen. Sie hält sich im Kühlschrank 7–10 Tage.

TIPP Hefeflocken liefern dem Körper reichlich Vitamin B_{12}!

PRO PERSON 129 KCAL, EW 11 G, F 9 G, KH 1 G

LACHSCREME-BROTAUFSTRICH

Zubereitungszeit 10 Minuten

ERGIBT CA.
6 PORTIONEN

300 g frischer Lachs,
  grob in 6 Stücke geschnitten

15 g Tomatenmark

120 g saure Sahne

1–2 TL Zitronensaft

Meersalz

1 Prise Chiliflocken

- Die Lachsstücke auf Backpapier geben, einschlagen und die Seiten mit metallenen Büroklammern feststecken. Das Päckchen in einen Dämpfeinsatz legen.
- 400 g Wasser in einen Topf füllen und zum Kochen bringen. Den Dämpfeinsatz darin platzieren, den Deckel auflegen und auf hoher Stufe 10 Minuten garen.
- Das Lachspäckchen herausnehmen, öffnen und 10 Minuten abkühlen lassen.
- Den gegarten Lachs in einen hohen Mixbecher geben, Tomatenmark, saure Sahne, Zitronensaft, etwas Salz und Chiliflocken zufügen und mit dem Stabmixer glatt mixen. Die Lachscreme in ein großes Glas füllen und 4–5 Stunden im Kühlschrank kalt stellen. Der Brotaufstrich hält sich im Kühlschrank 5–7 Tage.

WURZELBROT

**LACHSCREME-BROTAUFSTRICH
(SIEHE SEITE 153)**

WURZELBROT

Zubereitungszeit 12 Minuten (plus 2,5 Stunden Ruhezeit und 45–50 Minuten Backzeit)

FÜR 1 BROT

200 g Karotten

200 g Petersilienwurzel

200 g Pastinake

16 g Meersalz plus etwas
   Salz für Salzwasser

Butter zum Einfetten

150 g Sonnenblumenkerne

100 g Mandelkerne, fein
   gemahlen, oder Mandelmehl

100 g Walnusskerne, gehackt

50 g Leinsamen

50 g Haferkleie

100 g Emmermehl
   (alternativ Dinkelmehl)

1 Pck. Trockenhefe (7 g)

2 Zweige Rosmarin,
   Nadeln abgezupft und
   gehackt (alternativ 1 TL
   getrockneter Rosmarin)

1 TL Anissamen oder
   Fenchelsamen,
   im Mörser zerstoßen

- Karotten, Petersilienwurzel und Pastinake schälen, waschen und in Stücke schneiden.

- 1 l leicht gesalzenes Wasser in einem Topf zum Kochen bringen und die Hälfte der Karotten-, Petersilienwurzel- und Pastinakenstücke darin 18–22 Minuten weich kochen.

- Inzwischen die Backofenlampe einschalten, damit der Ofen leicht warm wird. Eine Kastenform (25 cm Länge) mit Butter einfetten und mit 100 g Sonnenblumenkernen ausstreuen.

- Das gekochte Gemüse abgießen und in einem Mixbecher mit dem Stabmixer pürieren. Das restliche Gemüse im elektrischen Zerhacker klein hacken und mit dem Gemüsepüree in die Rührschüssel der Küchenmaschine geben. Restliche Sonnenblumenkerne und restliche Zutaten zufügen, 170 g Wasser zugießen und mit dem Flachrührer auf mittlerer Stufe zu einem Teig verarbeiten.

- In die Form füllen, abdecken und im Ofen bei eingeschalteter Backofenlampe 2 Stunden gehen lassen.

- Aus dem Ofen nehmen, auf ein Holzbrett stellen und noch 30 Minuten gehen lassen. Inzwischen den Backofen auf 240 °C Umluft vorheizen und eine mit Wasser gefüllte Auflaufform mit hineinstellen.

- Form wieder in den Ofen stellen. Im vorgeheizten Ofen 20 Minuten backen, die Temperatur auf 180 °C reduzieren und weitere 25–30 Minuten backen.

- Herausnehmen und das Brot in der Form 15 Minuten abkühlen lassen. Dann auf ein Kuchengitter stürzen und auskühlen lassen.

DURCHHALTETIPPS UND MOTIVATION

20 gute Gründe durchzuhalten

Wenn Ihre Motivation schwächelt, schlagen Sie diese Seite auf und lesen Sie sich die hier aufgezählten Gründe durch, die andere Menschen mir genannt haben, wie es ihnen mit dem Abnehmen ergangen ist. Jeder einzelne davon ist Grund genug durchzuhalten!

1 Ich fühle mich mit weniger Kilos einfach viel besser.
2 Ich habe wieder mehr Spaß an Bewegung und bin aktiver.
3 Ich bin nicht mehr so leicht außer Atem.
4 Ich fühle mich selbstbewusster.
5 Meine Blutdruckwerte haben sich gebessert.
6 Ich kann wieder ohne schlechtes Gewissen essen.
7 Ich kann wieder mit anderen mithalten.
8 Ich schwitze nicht mehr einfach so.
9 Ich finde mich selbst wieder attraktiver.
10 Ich habe Wichtiges für meine Gesundheit geleistet.
11 Meine Gelenke tun nicht mehr weh.
12 Meine Rückenschmerzen sind weg.
13 Ich denke nicht mehr dauernd ans Essen.
14 Ich habe keine Heißhungerattacken mehr.
15 Meine Blutzuckerwerte sind wieder normal.
16 Ich kaufe mir jetzt gern wieder Kleidung.
17 Ich freue mich mehr auf den Urlaub.
18 Ich bekomme viele positive Rückmeldungen aus dem Freundeskreis.
19 Ich habe keine Verdauungsprobleme mehr.
20 Ich schlafe viel besser.

10 Minuten Ablenkung reichen meist

Nutzen Sie auch die Kraft der Ablenkung und Übersprungshandlung! Nutzen Sie folgende Tipps als ideale Ablenkungsmanöver! In der Regel reichen nur wenige Minuten, und die Gedanken an Essen und Naschen verfliegen.

- Räumen Sie Ihre Wohnung auf. Nehmen Sie sich systematisch eine Ecke nach der anderen vor.
- Putzen Sie sich die Zähne. Geschmack von Zahnpasta vertreibt das Verlangen nach Essen.
- Machen Sie ausgiebige Wechselduschen. Nutzen Sie kaltes Wasser zum Ankurbeln der Fettverbrennung.
- Kochen Sie sich einen schwarzen Kaffee oder bereiten Sie sich einen Kräuter-, Grün- oder Basentee (ungesüßt) zu und genießen Sie Kaffee oder Tee in Ruhe.
- Bereiten Sie sich Eiswürfel zu. Falls gewünscht, mit Geschmack aus Himbeeren, Minze, Zitronenmelisse, geriebenem Ingwer oder Bourbonvanille.
- Raus! Gehen Sie für einen Spaziergang an die frische Luft – egal, bei welchem Wetter.
- Ziehen Sie sich bequeme Kleidung und Schuhe an und machen Sie ein kurzes High-Intensity-Intervalltraining (HIIT; siehe Band 1/*Die Grundlagen*).
- Machen Sie beispielsweise ein paar Hantelübungen, Kniebeugen, Sit-ups oder Klimmzüge.
- Füllen Sie Ihre SCHLANK!-Protokolle aus – das braucht einige Minuten und lenkt ab.
- Schreiben Sie eine Liste mit Dingen auf, die Sie nicht genascht haben. Ziehen Sie am Ende der Woche Bilanz und stellen sich bildhaft vor, was Sie nicht gegessen haben. Sie werden stolz sein.
- Basteln Sie sich ein Buch mit inspirierenden Texten, Bildern oder Vorbildern beziehungsweise eine SCHLANK!-Figur mit Ihrem Foto als Kopf.
- Führen Sie Tagebuch und erinnern Sie sich an Positives.
- Gehen Sie ins Internet und recherchieren Sie ein interessantes Thema.
- Telefonieren Sie mit Freunden, der Familie oder für Sie angenehmen Menschen.

WARENKUNDE

Teesorten

Achten Sie bei der Auswahl der Teesorten und Gewürze möglichst auf gute (Bio-)Qualität.

Brennnessel

- Wirkt entwässernd, fördert die Harnaus-scheidung.
- Enthaltene Kieselsäure/-erde (Silizium) stärkt Bindegewebe, Haut, Haare und Nägel.
- Wirkt durch Eisen und Folsäure positiv auf die Blutbildung.
- Bei regelmäßigem Genuss wirkt der Tee an-tientzündlich.
  WICHTIG! Nicht empfohlen bei starker Niereninsuffizienz oder fortgeschrittener Herzschwäche!

Birkenblätter

- Imponieren durch hohen Gehalt an sekun-dären Pflanzenstoffen (Flavonoide und Saponine), Gerbstoffen und Vitamin C.
- Verstärken immens die Harnbildung und Harnausscheidung.
- Wirken entwässernd, regen den Stoffwech-sel an.

Löwenzahn

- Enthält wertvolle Bitterstoffe, die Verdau-ung fördern und Heißhunger dämpfen.
- Stimuliert Ausscheidung über die Nieren.

- Bietet reichlich Vitamine, Mineralien (Kalium, Kalzium, Magnesium, Phosphor) und Spurenelemente (Eisen, Zink, Kupfer, Mangan).
- Liefert präbiotisch wirksames Inulin (gutes Futter für die schlank machenden Bifido-Darmbakterien).
- Verbessert Energielevel, mindert Tages-müdigkeit.

Ackerschachtelhalm

- Liefert Saponine, Flavonoide, Gerbstoffe und reichlich Mineralien (Magnesium, Kalium, Mangan).
- Verstärkt Harnbildung und Harnausschei-dung.
- Wirkt entwässernd und stoffwechsel-anregend.
- Reichlich enthaltene Kieselsäure/-erde (Silizium) strafft Bindegewebe, stärkt Haut, Haare und Nägel sowie feste Gewebe wie Knochen und Zähne.

Weißer Tee

- Verwendet werden nur die geschlossenen Teeknospen und junge Teeblätter.
- Enthält dreimal mehr Polyphenole (sekun-däre Pflanzenstoffe mit antioxidativer Kraft) als grüner Tee.
- Mit Polyphenolen, die die Einlagerung von neuen Fettdepots verhindern und die Fett-

verbrennung von alten Fettpolstern anheizen.

- Enthaltene Catechine helfen zusätzlich bei der Fettverbrennung.
- Mit Vitamin B_1, das positiv auf das Nervensystem und die Stimmung wirkt.
- Liefert Mineralien und Spurenelemente wie Kalzium, Kalium, Natrium, Eisen, Zink.

Grüner Tee

- Wirkt durch das enthaltene Koffein sehr belebend und regt den Stoffwechsel an.
- Erhöht durch den angeregten Stoffwechsel den Energieumsatz.
- Enthaltene wertvolle Catechine reduzieren die Fettresorption.
- Bietet reichlich Bitterstoffe, die den Appetit zügeln.
- Wirkt regenerativ auf das Magen-Darm-System.
- Enthält reichlich Polyphenole und antioxidative Inhaltsstoffe mit entzündungshemmenden, cholesterin- und blutdrucksenkenden Eigenschaften.

Oolong

- Enthält reichlich Koffein, das anregend wirkt.
- Mit Saponinen (sekundäre Pflanzenstoffe), die den körpereigenen Verdauungsenzymen helfen, Fette zu spalten und diese unverdaut auszuscheiden.

- Mit entwässernder Wirkung, fördert den Gewichtsverlust.
- Antientzündlich, mikrobiell und immunstärkend.
- Wirkt appetithemmend bei Heißhunger.

Hafertee

- Enthält Vitamin B, Mineralien (Zink, Eisen, Mangan) und Flavonoide (Antioxidantien).
- Durch Saponine entwässernde und entgiftende Wirkung.
- Mit Pektinen (Ballaststoffe), die die Verdauung fördern und den Cholesterin- und Blutzuckerspiegel senken.
- Enthält Kieselsäure/-erde (Silizium) zur Feuchtigkeitsbindung der Haut und für festes Bindegewebe.
- Mit Beta-Glucanen, die den Blutzuckeranstieg bremsen.

Himbeerblätter

- Enthalten antientzündliche Gerbstoffe, vor allem Ellagitannin, und Flavonoide (Quercetin).
- Liefern reichlich Vitamin C sowie Eisen und Kalzium.
- Wirken blutreinigend und verdauungsfördernd durch Anregen des Gallenflusses.
- Beruhigen und stabilisieren die emotionale Balance.
- Wirken gegen (Schwangerschafts-)Übelkeit.

Ingwer (Wasser)

- Enthält ätherische Öle (Gingerol, Shogaol, Borneol, Cineol und Zingeron) sowie Vitamin A, B_1, B_2 und C, Mineralien und Spurenelemente.
- Harmonisiert den Magen-Darm-Trakt, wirkt gegen Aufstoßen und Übelkeit.
- Regt den Kreislauf an und fördert Wärmegefühl.
- Wirkt immunstärkend, antimikrobiell und antientzündlich.
  WICHTIG! Um die wertvollen ätherischen Öle nicht zu zerstören, sollte das verwendete Wasser nicht kochend heiß sein (maximal 70 °C).

Pfefferminze

- Reich an ätherischen Ölen (Menthol).
- Fördert die Produktion von Verdauungssäften (Gallenfluss, Magensäure) und die Peristaltik.
- Beugt Völlegefühl und Blähungen vor.
- Reguliert und harmonisiert die Verdauungsarbeit.
- Wirkt kühlend im Körper.
  WICHTIG! Bei Sodbrennen (Refluxkrankheit) nur maßvoll genießen; sie regt die Magensäureproduktion an.

Matetee

- Enthält Vitamine A, B_1, B_2 und C, Mineralien, ätherische Öle und natürliches Vanillin.
- Durch Koffein und Saponine (sekundäre Pflanzenstoffe) werden Stoffwechsel, Kreislauf und Harnbildung angeregt.
- Als Getränk oder durch das Kauen frischer Mateblätter unterdrückt er Hungergefühle.
  WICHTIG! Optimal eine Stunde vor den Mahlzeiten genießen. Wegen der stark anregenden Wirkung sollte Matetee ab dem frühen Nachmittag (etwa 14 Uhr) nicht mehr getrunken werden.

Hagebutte

- Liefert reichlich Vitamin C sowie Vitamine A, B_1, B_2 und E, Zink, Eisen, Kupfer, Natrium, Kalzium, Magnesium und Phosphor, Antioxidantien (Lycopin) und ätherische Öle.
- Wirkt blutreinigend, entwässernd und leicht abführend.
- Fördert die Mundgesundheit (wirksam gegen Zahnfleischbluten und vorbeugend gegen Parodontose).
- Enthaltene B-Vitamine wirken stressreduzierend und entspannend.

Johanniskraut

- Liefert besondere Inhaltsstoffe wie Hyperforin, die die Produktion des körpereigenen Hormons Serotonin (Glückshormon) anregen.

- Weist dadurch stimmungsaufhellende (antidepressive) Wirkung auf und beugt emotionalen Tiefs vor.
- Bekämpft wirksam Erschöpfungssymptome und Tagesmüdigkeit.
- Lindert Schlafstörungen, insbesondere Einschlafstörungen, durch beruhigende, ausbalancierende Effekte.
- Wirkt leicht verdauungsfördernd.

Kräuter und Gewürze

Cayennepfeffer   Der für Schärfe verantwortliche Inhaltsstoff Capsaicin dämpft den Hunger und hat eine positive Wirkung auf die Fettverbrennung und den Blutfettspiegel. Als thermogene, also hitzesteigernde Substanz vermag Capsaicin temporär die Thermogenese im Körper zu steigern. Das hat nachweislich positive Effekte auf den Stoffwechsel und das Abschmelzen der Fettdepots.

Schwarzer Pfeffer   Der Inhaltsstoff Piperin blockiert die Bildung von neuen Fettzellen. Die Kombination mit Capsaicin aus Cayennepfeffer stimuliert die Kalorienverbrennung. Gesunder Nebeneffekt: Schwarzer Pfeffer erhöht die Bioverfügbarkeit von anderen Lebensmitteln im Körper, das heißt,

Nährstoffe werden besser aufgeschlüsselt. Das gilt insbesondere für Kräuter und Gemüse. Dadurch wird die gesamte Mahlzeit gesundheitlich aufgewertet.

Zimt   Die positive Anregung des Stoffwechsels und der Ausgleich des Blutzuckerspiegels sind optimal, insbesondere für Menschen mit Diabetes Typ 2 oder Insulinresistenz. Die regelmäßige Einnahme von Zimt reduziert zu hohe Blutzuckerwerte, Triglyzeride, schlechtes LDL-Cholesterin und Gesamtcholesterin. Ausdrücklich empfohlen ist nur die Verwendung von Bio-Ceylon-Zimt. Tipp: ½ TL pro Tag in den Morgenkaffee oder Tee oder gemeinsam mit Kardamom im Frühstücksquark (Doc Fleck Frühstück).

Kardamom   Als aromatisches Gewürz mit einem scharf-süßlichen Geschmack erzielt er ebenfalls durch thermogene Effekte eine Stoffwechselaktivierung und Verbesserung der Fettverbrennung. Kardamom ist populär in der ayurvedischen Medizin und gilt in der holistischen naturheilkundlichen Medizin als Geheimwaffe aus dem Kreis der Gewürze.

Kumin   Hilfreich für eine optimierte Verdauung und einen guten Energieverbrauch.

Es verbessert den Blutzuckerspiegel, vor allem bei Diabetes Typ 2. Kumin hat eine lange historische Tradition in der Naturmedizin. Zusätzlich werden eine Verbesserung der Gedächtnisleistung und wirkungsvolle Stress mindernde Eigenschaften beschrieben.

Kurkuma Das gelborange Gewürz ist häufige Grundlage von Curryspeisen. Der in zahlreichen Studien untersuchte Inhaltsstoff Curcumin reduziert den Körperfettgehalt und trägt so zu einem erfolgreichen Gewichtsmanagement bei. Das Gewürz ist zudem nützlich in der Therapie und Prävention von degenerativen Erkrankungen durch Abfedern von Insulinresistenz, Hyperglykämie (zu hohe Blutzuckerwerte) und Hyperlipidämie (zu hohe Blutfettwerte) und von chronischen Entzündungen.

Ginseng Eine deutliche Energiesteigerung und Stoffwechselaktivierung durch roten Ginseng ist belegt. Für Panax-Ginseng im Besonderen wird ein positiver Einfluss auf den Gewichtsverlust beschrieben. Untersuchungen mit übergewichtigen, diabeteskranken Mäusen zeigen nicht nur eine Verbesserung der Insulinsensitivität, sondern auch einen signifikanten Gewichtsverlust bereits nach zwölf Tagen unter Ginsenggabe. Zudem wirkt roter Ginseng antientzündlich und immunmodulierend. Tipp: Hochwertige Produkte sind in der Apotheke, im Reformhaus oder im Internet erhältlich.

Senf Senfsamen zeigen eine Steigerung der Stoffwechselrate sogar um 25 %. Tipp: ½ TL Senfsamen pro Tag vermag etwa 45 Kalorien pro Tag zusätzlich zu verbrennen, das entspricht 16 425 Kalorien pro Jahr, also etwa 2,5 kg.

Löwenzahn Der Löwenzahn als Ganzes ist essbar – von der Blüte bis zur Wurzel – und ein Füllhorn an Vitalstoffen. Die Bitterstoffe Taraxacin und Taracerin fördern Verdauung und Sättigung. Er hat herausragende antioxidative Eigenschaften, liefert Ballaststoffe wie Inulin, Betacarotin, Vitamine und Mineralstoffe. Neben der ausgleichenden Wirkung auf Blutzucker- und Blutfettwerte besticht er durch effektive Leberentgiftung. Wenn Sie Löwenzahn in Ihrem Garten haben, ärgern Sie sich in Zukunft nicht mehr darüber, sondern sehen Sie ihn als großzügiges Geschenk der Natur.

Ingwer Nicht nur als Tee, sondern auch als Gewürz punktet Ingwer als Schlankmacher. Neben seinen antientzündlichen und antimikrobiellen Eigenschaften wirkt Ingwer beruhigend auf den Magen-Darm-Trakt. Ingwer regt den Stoffwechsel an, unterdrückt den Appetit und beeinflusst daher das nachhaltige Gewichtsmanagement positiv.

Fazit Vor Hunderten von Jahren galten Tees, Gewürze und Kräuter als die Medizin der damaligen Zeit. Auch heute sind diese Juwelen der naturheilkundlichen Medizin ein wertvolles Instrument meiner Methode. Versuchen Sie, immer wieder die genannten Kräuter, Gewürze und Tees nach individuellem Geschmack und nach Verträglichkeit zu nutzen. Ihre Gesundheit und Ihr Gewicht werden es Ihnen danken. Die Umstellung der Ernährung und des Lebensstils ist für das Schlankwerden selbstverständlich unabdingbar.

Nahrungsergänzung

Einem Mangel an Nährstoffen kann bereits durch die kluge Zusammenstellung der Mahlzeiten, Abwechslung, Vielfalt und natürliche Lebensmittel weitgehend vorgebeugt werden. Bei nachgewiesenem Mangel oder erhöhtem Bedarf oder bei rein vegetarischer oder veganer Ernährungsweise haben sich im Einzelfall folgende Ergänzungen bewährt.

Vitamin D_3 Eine ausreichende Vitamin-D_3-Versorgung schützt vor Herz-Kreislauf-Krankheiten, Insulinresistenz, Diabetes Typ 2, Krebs und saisonaler Lichtmangeldepression. Um einen optimalen Blutspiegel zwischen 30–50 ng/ml zu erreichen, ist der Aufenthalt in der Sonne (UVB-Strahlung) während des Sommers oft unzureichend. Allein über Nahrungsmittel (fetter Seefisch, Eier, Milch, Avocado) ist ein akzeptabler Vitamin-D_3-Spiegel ebenfalls kaum zu schaffen. Insbesondere in den sonnenarmen Monaten empfiehlt sich daher die Einnahme eines Vitamin-D_3-Präparats aus Apotheke oder Internet. Da Vitamin D_3 zur Aufnahme immer die Anwesenheit von Fett braucht, sind Kombinationen mit Öl (zum Beispiel Leinöl und Vitamin-E-haltiges Weizenkeimöl) oder die zeitgleiche Einnahme mit fetten Nahrungsmitteln (Milch,

Käse etc.) empfohlen. Niedrig dosierte Produkte und Tagesdosen von etwa 800–2000 IE (internationale Einheiten) sind aus immunologischen Gründen den hochdosierten Präparaten, die nur einmal pro Woche eingenommen werden, überlegen.

Vitamin B$_{12}$ Der Mangel an Vitamin B$_{12}$ zählt inzwischen als versteckte Volkskrankheit, bis zu 39 % der Bevölkerung sind nach Studiendaten betroffen. Der Vitamin-B$_{12}$-Mangel ist dramatisch unterschätzt. Eingetretene Schäden können in der Regel nicht adäquat korrigiert werden. Potenziell treten Störungen der Blutbildung, des Verdauungstrakts (Gastritis, Schleimhautentzündungen der Mundhöhle) sowie Nervenschädigungen oder Entmarkung des Rückenmarks auf, mit Schmerzen, Koordinationsstörungen und Lähmungen.

Im Labor lässt sich ein Mangel durch die weitsichtige Bestimmung des Holotranscobalamins (Vitamin-B$_{12}$-Speicher) bereits früh nachweisen. Vitamin B$_{12}$ kommt fast ausschließlich in tierischen Nahrungsmitteln (Fleisch, Fisch, Milchprodukte, Eier) vor. Geringe Spuren finden sich auch in Sauerkraut oder nicht schlank machendem Bier. Für einen gesunden Menschen bietet die omnivore Ernährung (Allesesser) in der Regel ausreichend B$_{12}$. Trotzdem gibt es die Gefahr des latenten Mangels, der durch zu geringe Aufnahme oder erhöhten Bedarf begünstigt wird. Vor allem bei Stress, Alkohol- oder Nikotinkonsum, Schwangerschaft, Stillzeit, hohem Alter oder Aufnahmestörung im Darm droht eine Mangelversorgung.

WICHTIG!   Allein aus dem Vitamin-B$_{12}$-Gehalt von Nahrungsmitteln kann man nicht immer die optimale Zufuhr schlussfolgern. Selbst bei regelmäßigem Fleischverzehr ist ein leichter Vitamin-B$_{12}$-Mangel möglich. Auch geht potenziell ein Teil des Vitamins bei der Zubereitung des Essens (Braten oder langer Lichtkontakt) verloren. Fakt: Bei allen Ernährungsformen kann folglich ein Nahrungsergänzungsbedarf bestehen. Innovativ sind Kombinationen von B$_{12}$ und Bitterstoffen, die die Aufnahme von B$_{12}$ im Darm verbessern, oder zusätzlich die Nutzung von Zahnpasta mit Vitamin B$_{12}$. Der durchschnittliche Tagesbedarf liegt bei 5 µg.

Bei vegetarischer oder veganer Ernährung ist das Risiko für einen Vitamin-B$_{12}$-Mangel sehr hoch, hier ist die regelmäßige Nahrungsergänzung ausdrücklich angeraten. Studien belegen, dass Vegetarier und Veganer besonders gefährdet sind, einen Mikronährstoffmangel zu erleiden.

Zu den oft mangelnden Nährstoffen gehören neben Vitamin B_{12} auch Vitamin D_3 sowie Zink, Jod und Omega-3-Fettsäuren. Hochwertige Produkte finden sich in Apotheke, Reformhaus und Internet.

Omega-3-Fettsäuren Die optimale Bilanz an Omega-3-Fettsäuren wirkt entzündungshemmend, stärkt eine stabile Darmbarriere und beugt Übergewicht sowie chronisch-degenerativen Erkrankungen vor. Omega-3-Fettsäuren finden sich in fettem Fisch. Auch Pflanzenöle wie Leinöl, Weizenkeimöl, Hanföl oder Walnussöl aus hochwertiger Produktion sind empfehlenswert. Die Omega-3-Fettsäuren sind mehrfach ungesättigt und daher Mimosen, die durch den Kontakt mit Licht, Hitze oder Sauerstoff geschädigt werden. Oxidierte Omega-3-Fettsäuren können Entzündungen stimulieren. Das Etikett von Omega-3-reichen Pflanzenölen sollte nicht nur »bio« und »kalt gepresst«, sondern auch Angaben zur Herstellung vermerken, wie zum Beispiel »unter Ausschluss von Licht, Hitze, Sauerstoff gepresst« oder »Omega-safes Verfahren«. Zur ausreichenden Versorgung mit Docosahexaensäure (DHA) empfiehlt sich die Einnahme von Leinöl mit DHA-Zusatz aus Algen, Fischöl oder Krillöl. Wegen der besonderen Empfindlichkeit der Omega-3-Fettsäuren müssen diese durch Zusatz von Vitamin E als Radikalfänger geschützt werden. Wählen Sie daher Leinöl mit DHA optimal plus Weizenkeimöl (das Vitamin E enthält) beziehungsweise Fischöl- oder Krillöl-Produkte mit ausgewiesenem Vitamin-E-Zusatz. Hochwertige Präparate finden Sie in Internet oder Apotheke.

Chrom Das essenzielle Spurenelement Chrom hat eine Vielzahl von Wirkungen im Körper. Im Kohlenhydratstoffwechsel fördert Chrom die Aufnahme von Zucker in den Zellen und senkt den Blutzuckerspiegel. Chrom mildert die Insulinresistenz und verbessert den Stoffwechsel bei Diabetes Typ 2. Zudem erhöht Chrom den Grundumsatz, reduziert den Körperfettanteil und wirkt ausgleichend auf die Blutfette. Ein ernährungsbedingter Chrommangel ist eher selten; gefährdet sind Menschen, die häufig verarbeitete, nährstoffarme Fertigprodukte verzehren, Leistungssportler oder hohen Alters sind. Bei einer ausgewogenen Ernährung ist ein Chrommangel nicht zu befürchten. Ergebnisse kontrollierter Studien belegen jedoch, dass eine Nahrungsergänzung mit Chrom unabhängig von einem ernährungsbedingten Chrommangel die Gewichtsreduktion leicht fördern kann. Insbesondere bei bestehendem Diabetes

Typ 2 ist eine Nahrungsergänzung mit Chrom abzuwägen. Die empfohlene Tagesdosis beträgt 200–300 µg. Auf individuelle Verträglichkeit und den möglichst geringen Anteil an Zusatzstoffen ist zu achten. Präparate möglichst ohne Zusatzstoffe erhalten Sie in Apotheken und im Internet.

Magnesium Magnesium ist ein lebensnotwendiges Mineral. Magnesiummangel fördert die Insulinresistenz und den Anstieg von Blutzucker- und Insulinspiegel. Dieses Szenario verhindert den Fettabbau und begünstigt die Fetteinlagerung. Blutzucker wird in Fett umgewandelt und in Fettdepots eingelagert, vor allem als viszerales Bauchfett. Viszerales Fett seinerseits gilt als Entzündungsmacher mit erhöhtem Risiko für Diabetes Typ 2, Bluthochdruck und Herz-Kreislauf-Erkrankungen. Eine adäquate Magnesiumversorgung ist nicht nur lebensnotwendig, sondern ein entscheidendes Puzzlestück, wenn es um den erfolgreichen Abbau der Fettdepots und um das Halten des Gewichts geht. Das Mineral übernimmt zudem eine bedeutende Rolle bei der Muskelarbeit und im Nervenstoffwechsel. Es stützt die allgemeine Stresstoleranz und die emotionale Balance und stabilisiert den Elektrolythaushalt des Körpers.

Magnesiumreiche Lebensmittel wie magnesiumreiches Mineralwasser, Mandeln, Kerne, grünes Blattgemüse, Hülsenfrüchte, Quinoa, Obst wie Bananen und Aprikosen sowie roher Kakao decken bei regelmäßigem Verzehr einen gewissen Grundbedarf. Sinnvoll ist, die regelmäßig verzehrten Nahrungsmittel auf einen hohen Gehalt an Magnesium zu prüfen und eine zusätzliche Nahrungsergänzung zu erwägen. Der Bedarf liegt bei mindestens 300 mg täglich. Diese Menge entspricht in vielen Fällen nicht der optimalen Tageszufuhr. Sportler, vor allem Leistungssportler, und gestresste Menschen haben einen deutlich größeren Bedarf. Zur optimalen Aufnahme im Körper empfiehlt sich organisches Magnesiumcitrat. Eine ausreichende Magnesiumaufnahme über die Haut (Spray, Öl oder Cremes) ist nicht möglich. Wählen Sie deshalb eine orale Gabe von Kapseln oder Brausetabletten mit möglichst wenigen Zusatzstoffen aus der Apotheke oder dem Internet. Magnesium wird sehr rasch über die Nieren ausgeschieden, Depots füllen sich nur langsam. Deshalb ist die tägliche und langfristige Nahrungsergänzung sinnvoll.

Probiotika Probiotika (»Darmbakterien auf schlank programmieren«, siehe Band 1/

Die Grundlagen) enthalten lebende Mikroorganismen, die bei regelmäßiger Einnahme positiv auf das Darmmilieu wirken und so die gesamte Gesundheit stützen. In Präparaten werden verschiedene Bakterienstämme eingesetzt. Als eine unterstützende Maßnahme zur Gewichtsabnahme scheinen nach jetzigem Stand Produkte mit Bifido-Bakterienstämmen und einige Laktobakterien (zum Beispiel Lactobacillus rhamnosus und Lactobacillus gasseri) geeignet. Hochdosierte, qualitativ gute Probiotika ohne Zusatzstoffe von Laktose (Milchzucker) oder Gluten erhalten Sie in Apotheken und im Internet. Bei der Wahl von probiotischen Nahrungsergänzungen gilt es, auf eine ausreichend hohe Dosierung der Bakterienstämme zu achten. Auch sollten die Probiotika aus einer soliden Herstellerquelle stammen. Gut und günstig: Das passt bei Probiotika-Präparaten selten zusammen – leider. Eine Einnahme sollte ausreichend lange über etwa drei bis sechs Monate erfolgen, vor allem bei Dysbiose (»Darmcheck«, siehe Band 1/Die Grundlagen). Sie sollte außerhalb der Mahlzeiten erfolgen, entweder am Morgen oder vorm Zubettgehen. Zu diesem Zeitpunkt ist die Magensäure weniger aktiv. Probiotika sollten kühl und trocken gelagert werden, damit sie nicht an Wirkung verlieren.

Gute-Nacht-Präparate

Bei hartnäckigen und therapieresistenten Ein- und Durchschlafstörungen empfiehlt sich die Gabe von Heilkräuterkombinationen aus Baldrian, Hopfen, Melisse, Lavendel und Passionsblume in Form von Tee oder Kombinationspräparaten aus der Apotheke. Kombinationen der Heilkräuter wirken besser als Einzelpräparate. Auch ist die abendliche Gabe von 500 mg L-Tryptophan denkbar. Durch Kombinationen mit Niacin und Dextrose wird die Wirkung von L-Tryptophan verbessert. Da L-Tryptophan an der Blut-Hirn-Schranke mit langkettigen Aminosäuren konkurriert, diese durch Insulin (via Dextrose) vermehrt in die Muskulatur gebracht werden, gelangt insgesamt mehr L-Tryptophan ins Gehirn. Von frei verkäuflichen Antihistaminika oder Schlafmitteln aus Diphenhydramin ist abzuraten, da sie individuell sehr unterschiedlich wirken und vertragen werden.

LEBENSMITTELLISTE NACH GLYKÄMISCHEN WERTEN

Diese Liste soll Ihren Alltag erleichtern. Sie zeigt Ihnen auf den ersten Blick, ob ein Lebensmittel in Ihre SCHLANK!-Phase passt. Grün bedeutet optimal, gelb heißt »grenzwertig und deshalb nur in geringen Mengen« und rot heißt »ungünstig für Ihr Ziel«.

Die Liste können Sie hier herunterladen: www.bjvvlinks.de/8041

GLYX-Tabelle — Übersicht glykämische Last/glykämischer Index (GI * KH/100)

Lebensmittel	Glykämische Last	Glykämischer Index	Kohlenhydrate/ 100 g	Ampel- farbe
Gemüse und Salate				
Aubergine	<1	20	3	●
Avocado	<1	10	<1	●
Bleichsellerie, Stangensellerie	<1	14	2	●
Blumenkohl	<1	15	5	●
Brokkoli	<1	15	6	●
Champignon	<1	15	<1	●
Chicorée	<1	15	2	●
Chinakohl	<1	12	1	●
Endivie	<1	15	<1	●
Erbsen, frisch	5	36	13	●
Feldsalat, Rapunzel	<1	15	<1	●
Fenchel	<1	15	3	●
Frühlingszwiebel	1	15	9	●
Gurke	<1	15	2	●
Karotte, gekocht	8	85	9	●
Karotte, roh	3	37	8	●
Kartoffel, in Schale gegart (Pellkartoffeln)	11	65	17	●
Kartoffel (Salzkartoffeln)	10	70	15	●
Knoblauch	9	30	29	●
Kohlrabi	<1	15	4	●
Kohlrübe, Steckrübe	5	70	7	●
Kürbis	4	75	6	●
Maiskolben	14	65	22	●
Maiskörner (aus Dose bzw. Glas)	8	56	15	●
Mangold	<1	15	<1	●
Paprika	<1	15	4	●
Pastinake	10	85	12	●
Peperoni	<1	15	3	●
Porree/Lauch	<1	12	3	●

169

Lebensmittel	Glykämische Last	Glykämischer Index	Kohlenhydrate/ 100 g	Ampel- farbe
Gemüse und Salate				
Radieschen	<1	15	2	●
Rettich	<1	15	2	●
Rosenkohl	1	15	9	●
Rote Bete, gekocht	3	65	5	●
Rote Bete, roh	2	30	8	●
Rotkohl	<1	15	3	●
Salat, grün	<1	15	4	●
Sauerkraut	<1	15	4	●
Schalotte	1	15	9	●
Schwarzwurzel	5	30	16	●
Sellerie, Knolle, gekocht	6	85	7	●
Sellerie, roh	3	35	9	●
Spargel	<1	15	2	●
Spinat	<1	15	<1	●
Süßkartoffel	12	50	24	●
Tomate	<1	30	3	●
Tomate, getrocknet	4	35	12	●
Topinambur	2	50	4	●
Weißkohl	<1	15	4	●
Wirsingkohl	<1	15	2	●
Zucchini	<1	15	2	●
Zwiebeln	<1	15	5	●
Hülsenfrüchte				
Bohnen, grün	2	30	5	●
Bohnen, rot (Kidneybohnen)	6	35	16	●
Bohnen, schwarz	15	35	43	●
Bohnen, weiß, gegart	7	35	20	●
Bohnen, weiß, Perlbohnen	7	35	20	●
dicke Bohnen, gekocht	9	80	11	●
Erbsen, getrocknet	13	30	42	●
Erdnusskerne	1	15	8	●
Kichererbsen (Dose)	4	30	13	●
Kichererbsen, getrocknet	14	30	48	●
Kichererbsenmehl	21	35	61	●
Linsen, braun	12	30	40	●
Linsen, gelb	12	30	40	●
Linsen, grün	10	25	40	●

Lebensmittel	Glykämische Last	Glykämischer Index	Kohlenhydrate/ 100 g	Ampel- farbe
Brot, Getreide, Nudeln, Reis				
Brot und Brötchen				
Bagel	35	69	50	●
Baguette	39	70	55	●
Brezel	56	83	67	●
Brötchen	39	73	53	●
Dinkelbrot	19	50	38	◐
Fladenbrot	42	79	53	●
glutenfreies Weißbrot	45	90	50	●
Haferkleiebrot	28	47	60	●
Hamburger-Brötchen	47	85	55	●
Knäckebrot	41	64	64	●
Milchbrötchen	33	63	53	●
Pumpernickel	20	50	40	●
Roggenbrot (aus Sauerteig)	19	48	40	○
Roggenvollkornbrot	21	57	38	●
Weißbrot	41	75	55	●
Sonstige				
Amaranth	23	35	66	●
Bulgur, gekocht	38	55	69	●
Couscous	46	65	70	●
Dinkel (Vollkorn)	26	40	64	●
Hafer	22	40	56	●
Haferflocken	24	40	59	●
Hirse	48	70	69	●
Maisbrei, Polenta	20	70	28	●
Pasta-Spaghetti	41	55	75	●
Quinoa	21	35	59	●
Stärke, modifiziert	100	100	100	●
Weizenmehl (Type 405)	61	85	72	●
Zwieback	53	70	76	●
Reis (gegart)				
Basmatireis	14	57	25	◐
brauner Reis	16	69	23	◐
Klebreis/Sushi-Reis	17	88	19	◐
Langkornreis	16	60	27	◐
Naturreis, parboiled	15	64	24	◐
Risotto	24	69	35	●

Lebensmittel	Glykämische Last	Glykämischer Index	Kohlenhydrate/ 100 g	Ampel-farbe
Reis (gegart)				
weißer Reis	15	64	24	●
Frühstückscerealien				
Cerealien, raffiniert, gezuckert	56	70	80	●
Choco-Pops	66	77	86	●
Cornflakes	67	81	83	●
Gerstenvollkornbrei	46	68	68	●
Haferflocken	24	40	59	●
Müsli, ohne Zucker	25	50	50	●
Müslimischung (durchschnittlich)	29	51	57	●
Puffweizen	57	80	71	●
Reiskleie	9	20	47	●
Weizenschrot	40	67	60	●
Milchersatz				
Kokosmilch	2	40	5	●
Mandeldrink	2	30	8	●
Sojadrink	<1	30	<1	●
Sojajoghurt natur	<1	20	5	●
Sojasahne	2	20	12	●
Nüsse, Kerne, Samen				
Erdnusskerne (siehe Hülsenfrüchte)	1	15	8	●
Haselnussmus, ungezuckert	3	25	11	●
Kokosnuss	2	45	5	●
Kürbiskerne	4	25	14	●
Leinsamen, Sesam, Mohn, ganz	1	35	3	●
Mandelmus	1	25	5	●
Mandelkerne	<1	15	5	●
Maronen, Esskastanien	26	60	44	●
Nüsse, allgemein	2	15	10	●
Pinienkerne	1	15	7	●
Pistazien	3	15	18	●
Sesammus (Tahin)	4	40	10	●
Sonnenblumenkerne	7	35	20	●
Obst				
Ananas, frisch	6	45	13	●
Apfel, frisch	4	35	11	●
Apfelsine, Orange	4	45	9	●
Aprikose, frisch	3	30	9	●

Lebensmittel	Glykämische Last	Glykämischer Index	Kohlenhydrate/ 100 g	Ampel- farbe
Obst				
Banane	12	55	21	🔘
Banane, reif	13	60	21	🔘
Birne, frisch	3	38	9	●
Brombeeren	2	25	7	●
Erdbeeren, frisch	1	25	5	●
Feige, frisch	5	35	13	●
Granatapfel, frisch	6	35	16	●
Grapefruit, frisch	2	30	8	●
Heidelbeeren	2	25	6	●
Himbeeren, frisch	2	25	8	●
Johannisbeeren, rot	1	25	5	●
Johannisbeeren, schwarz	<1	15	6	●
Kirschen	3	25	10	●
Kiwi	5	50	11	●
Mandarine, Clementine	3	30	11	●
Mango	7	50	13	●
Melone, Honigmelone	5	60	8	●
Mirabelle	6	42	14	●
Nektarine	4	35	12	●
Orange, frisch	4	35	10	●
Papaya	4	55	8	●
Passionsfrucht, Maracuja	5	30	18	●
Pfirsich, frisch	4	42	9	●
Pflaume, frisch	4	35	10	●
Physalis, Kapstachelbeere	<1	15	6	●
Rhabarber	<1	15	2	●
Stachelbeeren	3	25	10	●
Wassermelone	4	76	5	●
Weintrauben, blau	9	59	15	●
Weintrauben, grün	7	46	15	●
Zitrone	1	12	9	●
Trockenobst				
Apfel, getrocknet	26	35	74	●
Aprikose, getrocknet	19	40	48	🔘
Dattel, getrocknet	66	100	66	●
Feige, getrocknet	28	40	69	●
Pflaume, getrocknet	27	40	67	●

173

Lebensmittel	Glykämische Last	Glykämischer Index	Kohlenhydrate/ 100 g	Ampel- farbe
Trockenobst				
Rosinen	50	65	77	●
Snacks und Süßigkeiten				
Knabbereien				
Kartoffelchips	29	70	41	●
Pommes frites	33	95	35	●
Schokolade und Naschereien				
Schokolade (> 85 % Kakaogehalt)	6	20	30	●
Gebäck, Kekse, Kuchen				
Butterkeks	40	53	76	●
Cracker	37	55	68	●
Croissant	32	70	45	●
Haferkeks	32	50	64	●
Hörnchen	33	92	36	●
Pfannkuchen	48	67	71	●
Waffel	53	75	70	●
Verschiedenes				
Essig	<1	5	3	●
Ketchup	13	55	23	●
Konfitüre, gezuckert	42	65	65	●
Marmelade, gezuckert	46	65	70	●
Mayonnaise, industriell, gezuckert	7	60	11	●
Senf, mittelscharf	2	35	5	●
Senf, süß	17	55	31	●
Honig, Sirup, Zucker				
Agavensirup	10	13	80	●
Ahornsirup	44	65	67	●
Haushaltszucker	65	65	100	●
Honig	49	60	82	●
Reissirup	98	100	98	●
Rohrzucker	70	70	100	●
Traubenzucker (Glukose)	100	100	100	●
Alkoholfreie Getränke				
Ananassaft, ungezuckert	7	50	14	●
Apfelsaft, ungezuckert	6	50	12	●
Karottensaft	3	40	7	●
Multivitaminsaft	5	44	11	●
Orangensaft, ungezuckert	5	45	11	●
Tomatensaft	1	35	4	●

Lebensmittel ohne Kohlenhydrate

Die folgenden Lebensmittel(gruppen) enthalten bei einer üblichen Portionsgröße oft nur 0 bis 2 g Kohlenhydrate. In diesen Fällen können GI und GL mit den Standardmessungen nicht ermittelt werden. In der Regel gibt es keinen GI und GL für Lebensmittel ohne Kohlenhydrate. Diese Angaben gelten nicht für **gezuckerte Varianten wie zum Beispiel Fruchtquark und Eiscreme.**

Lebensmittel	Glyk. Last	Glyk. Index	Kohlenhydrate/ 100 g	Ampel-farbe
Öle				
Butter, Butterschmalz, Ghee			<1	⬤
Erdnussöl			<1	⬤
Kokosöl			<1	⬤
Kürbiskernöl			<1	⬤
Leinöl (Omega-safe Herstellung)			<1	⬤
Mohnöl			<1	⬤
Olivenöl			<1	⬤
Sesamöl			<1	⬤
Sonnenblumenöl			<1	⬤
Weizenkeimöl (Omega-safe Herstellung)			<1	⬤
Käse				
Hartkäse (z. B. Cheddar, Bergkäse, Parmesan)			<1	⬤
Schnittkäse (z. B. Gouda, Brie, Camembert)			<1	⬤
Sonstige (z. B. Frischkäse, Feta, Mozzarella, Ricotta)			<1	⬤
Fisch				
Fisch (z. B. Lachs, Zander, Thunfisch, Dorade)			0	⬤
Krustentiere (z. B. Garnelen, Hummer, Krabben)			<1	⬤
Muscheln (z. B. Miesmuscheln, Jakobsmuscheln)			<1	⬤
Fleisch				
Fleisch (z. B. Pute, Hähnchen, Ente, Rind, Kalb, Lamm)			<1	⬤
Wurst- und Fleischwaren (Fleischwurst, Salami, Putenbrustfilet)			<1	⬤
Eier				
Hühnerei			<1	⬤
Omelette			<1	⬤
Rührei			<2	⬤
Spiegelei			<1	⬤
Eier				
Buttermilch	1	36	4	⬤
Joghurt, 0,3 %, entrahmt	1	35	4	⬤
Joghurt, 1,5 %, fettarm	1	33	4	⬤
Joghurt, 3,5 %, Vollmilch	2	36	5	⬤
Milch	2	30	5	⬤
Quark, 40 %	1	30	4	⬤
Alkoholische Getränke (Alkohol behindert die Fettverbrennung!)				
Bier (Pils)			3	⬤
Gin			0	⬤
Rotwein, trocken			<3	⬤
Sherry			1	⬤
Weinbrand			<1	⬤
Weißwein, trocken			<1	⬤

Das Tagesprotokoll

Datum _____ **Arbeitstag** ja ◯ nein ◯   **Cheat Day!*** ◯

Gewicht (in kg) _____ **Taille** (in cm) _____ **Körperfettanteil**** _____

FRÜHSTÜCK   Letzte Mahlzeit vor ___ Std. Hunger nach ___ Std.   **SNACKS**

Menge in g/Stück	Nahrungsmittel	Uhrzeit	Menge in g/Stück	Nahrungsmittel	Essmotiv

MITTAGESSEN   Letzte Mahlzeit vor ___ Std. Hunger nach ___ Std.   **ZWISCHENMAHLZEITEN**

Menge in g/Stück	Nahrungsmittel	Uhrzeit	Menge in g/Stück	Nahrungsmittel	Essmotiv

ABENDESSEN   Letzte Mahlzeit vor ___ Std. Hunger nach ___ Std.   **KALORIENHALTIGE GETRÄNKE**

Menge in g/Stück	Nahrungsmittel	Uhrzeit	Menge in g/Stück	Nahrungsmittel	Uhrzeit

SPORTART	Dauer in Minuten	**AKTIVE FREIZEIT**	Dauer in Minuten

Mein Gesamtgefühl heute: ☹ ☹ 😐 🙂 🙂   **So habe ich geschlafen:** ☹ ☹ 😐 🙂 🙂
◯ ◯ ◯ ◯ ◯   ◯ ◯ ◯ ◯ ◯

Diese Übungen konnte ich heute machen: **Atemübung** ◯   **Bauchmassage** ◯   **Dankbarkeitsritual** ◯

---

* Tage, an denen man sich nicht an die SCHLANK!-Regeln gehalten hat.   ** Wenn Sie eine Körperfettwaage besitzen.

Das Monatsprotokoll

Monat _____   **Startgewicht** _____ **kg**

Gewicht (in kg)

Monatsanfang _____

Monatsende _____

Differenz _____

Taille (in cm)

Monatsanfang _____

Monatsende _____

Differenz _____

	Messung 1	Messung 2	Messung 3	Messung 4	Messung 5
Taille					
Körperfettanteil*					

Cheat Days** _____

Ich fühle mich: ☹ ☹ 😐 🙂 😊   **Insgesamt habe ich** ____ **kg abgenommen.**

* Wenn Sie eine Körperfettwaage besitzen.   ** Tage, an denen man sich nicht an die SCHLANK!-Regeln gehalten hat.

DAS TEAM

Dr. med. Anne Fleck, gebürtige Saarländerin und Fachärztin für innere Medizin und Rheumatologie, ist seit vielen Jahren erfolgreich in der von ihr geprägten innovativen Ernährungsmedizin und Vorsorgemedizin tätig. Als Medizinerin verfolgt sie einen ganzheitlichen Ansatz aus validen Methoden und arbeitet mit einer effektiven Kombination moderner Spitzenmedizin und Naturheilkunde. Seit Jahren betreut sie vorsorgemedizinisch unter anderem Unternehmen, Botschaften und Privatpersonen aus dem In- und Ausland. Einem breiten Publikum ist sie als »Doc Fleck« in der Fernsehserie »Die Ernährungsdocs« im NDR-Fernsehen bekannt. Hier demonstriert sie, wie man zum Teil auch schwere Krankheiten mit einfachen Lösungen und innovativer Ernährung – ohne rigide Dogmen – lindern kann. Anne Fleck lebt in Hamburg. Die begeisterte Hobbyseglerin liebt die Natur, kocht leidenschaftlich gern, malt und zeichnet.

Su Vössing wurde im Jahr 1991 als damals jüngste Sterneköchin Deutschlands mit einem Michelin-Stern ausgezeichnet. Der Weg dahin führte sie als Chef de Partie von Philippe Jorand in Münster direkt nach Paris als Souschef zu Jean-Michel Bouvier. Alain Senderens erkannte ihr außerordentliches Gespür für unverfälschte Aromen und ernannte sie nach nur drei Wochen zur Chef Saucier seines Restaurants »Lucas Carton«. Weiter ging es in der berühmten Pariser Brasserie »La Coupole«, dann in Deutschland im Bonner Restaurant »Le Marron«. Der bunten Kölner Welt hat sie kurze Zeit später im »La Société« aufgetischt, um von dort in Florida im »Café Europa« als Chef de Cuisine weiterzukochen. Bekannt wurde sie beim »Kochduell« (VOX), wo sie ihre besondere Spontaneität spielerisch unter Beweis stellen konnte. Mit zahlreichen Kochbüchern, TV-Auftritten, Events und Livemoderationen stellt sie heute ihr umfangreiches Wissen zur Verfügung.

Hubertus Schüler wurde Fotograf, weil er, wie er selbst von sich behauptet, nicht malen konnte – was angesichts seiner Werke ein großes Glück für die Fotografie ist! Geboren und aufgewachsen im schönen Münster, absolvierte er dort in einer Werbeagentur auch die Ausbildung zum Fotografen. Die Assistenzzeit verbrachte er in Düsseldorf, bevor er sich 1990 in Bochum selbstständig machte. Seitdem arbeitet er mit Vorliebe und Hingabe an spannenden Buchprojekten und genießt den gestalterischen Freiraum, in dem er sich dabei bewegen darf.

Portionsrechner, Kalorienbedarfsrechner und automatische Einkaufszettel

Mehrere sehr praktische Funktionen stellt der Becker Joest Volk Verlag unter **www.mengen-rechner.de** zur Verfügung – kostenlos.

Um alle Funktionen sinnvoll nutzen zu können, ist eine Anmeldung erforderlich. Schalten Sie nach der Anmeldung zuerst das Buch »SCHLANK!« kostenlos frei. Ermitteln Sie danach unter „Kalorienbedarf" Ihren persönlichen Verbrauch nach den aktuell gültigen wissenschaftlichen Formeln. Die Anwendung ist jetzt vollständig nutzbar.

Ihre eingegebenen Daten dienen nur Ihrem persönlichen Gebrauch und werden in keiner Form anderweitig verwendet.

Nun können Sie die von Ihnen ausgewählten Rezepte im Buch »SCHLANK!« an Ihren ganz persönlichen Bedarf, an die Personenzahl und sogar an mehrere Personen (zum Beispiel in einer Familie) anpassen und für den Einkauf ausdrucken, als E-Mail auf Ihr Smartphone schicken oder einfach während des Einkaufs aufrufen. Zutaten lassen sich auch mühelos streichen oder ergänzen. Sie brauchen also keine Zutatenlisten mehr abzuschreiben oder zu fotografieren.

Aber damit nicht genug: Sie können auch die einzelnen Nährwerte (zum Beispiel Kohlenhydrate, Fette, Eiweißgehalt, Kalorien) einsehen. Auch bei der Suche nach passenden Rezepten ist der Mengenrechner eine große Hilfe. Sie können zum Beispiel gezielt Reste verwerten, indem Sie nach Rezepten mit bestimmten Zutaten suchen. Dabei können Sie auch Zutaten ausschließen, nach gluten- oder laktosefreien Rezepten suchen oder solchen mit möglichst wenig Kohlenhydraten. Vieles ist möglich!

Noch ein Hinweis: Die im Mengenrechner genannten Seitenzahlen beziehen sich auf die Hardcoverausgabe, doch über das Rezeptregister ab Seite 187 in dieser Ausgabe sind alle Rezepte leicht zu finden.

ZUTATENREGISTER

REZEPTVERZEICHNIS

Phase 2

Unsere Leseempfehlung

224 Seiten

Dr. med. Anne Fleck, renommierte Präventiv- und Ernährungs-medizinerin, gelingt, woran viele scheitern: Ihre Methode lässt überflüssige Fettpolster kontinuierlich schmelzen. Mit einer kohlenhydratarmen und antientzündlichen Ernährung wird die Darmflora neu aufgebaut und inneres Bauchfett bekämpft. Zudem sinken die Risiken für Herzinfarkt, Schlaganfall, Diabetes, Demenz und Krebs.

Das Erfolgsbuch jetzt in zwei Bänden: Lesen Sie auch »Schlank und gesund mit der Doc Fleck Methode – Das Kochbuch«.

SALAT GEHT IMMER!

DIE COOLSTEN
Lila Blumenkohl mit Safran-Mandelmus-Dip

DIE COOLSTEN
Ringelbete-Caprese mit Himbeerdressing und Basilikum

DR. MED. ANNE FLECK

SALATE DER SUPERLATIVE

DIE GESÜNDESTEN EINFACHSTEN SCHNELLSTEN BERÜHMTESTEN COOLSTEN DEFTIGSTEN FEINSTEN

SPIEGEL Bestseller-Autorin

REZEPTE: BETTINA MATTHAEI
FOTOS: HUBERTUS SCHÜLER

DIE FEINSTEN
Zuckerschoten mit Erbsenmousse

SALATE DER SUPERLATIVE
Die gesündesten, einfachsten, schnellsten, berühmtesten, coolsten, deftigsten, feinsten
Text: Dr. med. Anne Fleck • Rezepte: Bettina Matthaei
Food-Fotografie: Hubertus Schüler • 240 Seiten
ca. 100 Fotos • Format 19 × 27 cm • gebunden

29,95 EUR (D) 30,80 EUR (A)   ISBN 978-3-95453-204-9
Versandkostenfrei bestellen unter: **www.bjvv.de**

BECKER
JOEST
VOLK
VERLAG